新金融综合实训指导教程

XINJINRONG
ZONGHE SHIXUN ZHIDAO JIAOCHENG

主　编／刘德坤
副主编／刘博宇　黄鸿媛
编　者／苗　囡　蔡子嫣　沈昭阳　王　鹏
孙建梁　洪可祎　于　伟

NEW FINANCE

电子科技大学出版社
University of Electronic Science and Technology of China Press
·成都·

图书在版编目（CIP）数据

新金融综合实训指导教程 / 刘德坤主编. —成都：电子科技大学出版社，2023.2

ISBN 978-7-5770-0039-8

Ⅰ. ①新… Ⅱ. ①刘… Ⅲ. ①金融学－高等学校－教材 Ⅳ. ①F830

中国国家版本馆 CIP 数据核字（2023）第 005381 号

新金融综合实训指导教程

刘德坤　主　编

策划编辑　杜　倩　李述娜
责任编辑　李述娜

出版发行　电子科技大学出版社
　　　　　成都市一环路东一段 159 号电子信息产业大厦九楼　　邮编　610051
主　　页　www.uestcp.com.cn
服务电话　028-83203399
邮购电话　028-83201495

印　　刷　成都市火炬印务有限公司
成品尺寸　185mm×260mm
印　　张　14.25
字　　数　380 千字
版　　次　2023 年 2 月第 1 版
印　　次　2023 年 2 月第 1 次印刷
书　　号　ISBN 978-7-5770-0039-8
定　　价　85.00 元

前　言

近年来，以云计算、大数据、区块链、人工智能、社交网络等为代表的新一代信息技术渗透到金融领域，新金融跨专业综合实训在此背景下应运而生。本书根据企业对金融和管理类应用型人才实践能力的要求，以提升学生职业适应能力为目标，采取先阐述综合实训相关理论，继而按照企业岗位与社会机构岗位工作任务和工作流程安排教学内容的方式编写。

本书共三篇，包括七章内容。第一篇为公共服务基础，共三章。第一章为商业环境构建，内容包括动员大会和CEO竞选、团队组建、企业设立与登记、认识岗位职责，主要介绍综合实训的目标、内容、角色、过程，使学生了解综合实训企业的基本信息、组织结构、主要产品、业务数据与运营流程，帮助学生领会销售、采购、仓储、生产、人力资源、财务等业务规则。第二章为公共服务环节，内容包括企业申请营业执照（市场监督管理局）、营业执照年检全流程（市场监督管理局）、缴纳社会保险的步骤[人力资源与社会保障局（简称人社局）]、缴纳住房公积金（人社局）、登记税务（税务局）、购买增值税发票（税务局）、贸易服务公司、代理记账业务（会计师事务所）和审计业务（会计师事务所）。第三章为银行环节，内容包括企业银行开户、社会保险开户、住房公积金开户、签订代发工资协议书、存款支取业务、定期理财规划、贷款业务的岗位实训，要求学生在熟悉实训企业内外部运营环境的基础上进行跨专业综合实训。

第二篇为虚拟商业环境实训，共两章。第四章为生产环节，把制造企业的公司注册方式、组织结构、岗位及其职责、运营方式、企业文化等创新创业过程中的必备知识结合起来，以虚拟仿真商业环境实训为依托，让学生在实训中模拟企业建立的基本过程，掌握创新创业的思维以及方向，内容包括读懂期初数据、供应商购销业务、客户购销业务、开发新市场、人力资源管理日常业务、日常业务。第五章为销售环节，以销售公司基本业务流程为主线，通过对接现代制造业与现代互联网行业进行全方位的模拟经营及管理，内容包括销售公司总经理期初建账、购销谈判、采购入库、支付货款、编制市场调研策划书、编制广告策划书、编制营销企划案、签订销售合同、货款回收、销售数据分析，上述内容将销售公司的业务操作流程分解成块，串连成线，形成了一个较为完整的体系。

第三篇为新金融实训，共两章。第六章为互联网金融环节，以区块链公司和证券公司核心业务实践为主线，围绕互联网金融服务模式展开，内容包括区块链电子发票、区块链国际贸易、区块链保险、开户业务、证券存托管与委托指令、委托买卖、竞价与成交。第七章为大数据金融环节，以大数据智能分析决策虚拟仿真为核心，内容包括从大数据服务、大数据处理、大数据分析到大数据方案提供的全流程体系。

本书设置了“任务描述”“情景导入”等栏目，在教学内容与教学组织等方面为使用者提供了创新的空间，增强了本书的实践性、可读性、适用性与趣味性，力使学生通过从事不同岗位的工作，实现跨专业融合，从而培养学生的全局意识和综合职业素养。

全书依托教育部学校规划建设发展中心设计的“黑龙江工商学院新金融智慧学习工场”项目课程编写而成。本书由黑龙江工商学院新商科·新金融实验实训中心主任刘德坤教授担任主编并进行总体设计和统稿，其中，第一章、第二章由黑龙江工商学院刘德坤执笔，第三章由东北农业大学沈昭阳执笔，第四章由黑龙江工商学院苗囡、孙建梁执笔，第五章由黑龙江工商学院蔡子嫣、于伟执笔，第六章由黑龙江工商学院黄鸿媛、王鹏执笔，第七章由黑龙江工商学院刘博宇、洪可祎执笔。由于编者水平有限，加之时间仓促，错误和不当之处在所难免，恳请读者指正。

刘德坤
2023 年 1 月于哈尔滨

目　　录

第一篇　公共服务基础

第二篇　虚拟商业环境实训

第三篇　新金融实训

第一篇　公共服务基础

第一章　商业环境构建

任务一　动员大会和CEO竞选

一、任务描述

仿真实习正式开始之前，由指导教师对全体学员做实习动员，动员内容包括实习目的、实习内容、时间安排、实习要求、企业业务及岗位工作职责等。通过动员，学员可以理解本次实训的目的和意义，明确实训的要求及工作规范等。CEO（总经理）的参选名单确定后，教师应告知参选人竞选演讲规则，包含演讲顺序、演讲时间等；同时告知选民选举规则，并要求他们在听取完所有 CEO 候选人演讲后进行投票。

二、情景导入

这是一家智能平衡车制造企业，创建近两年，主打产品是平衡车，年产值约 3000 万元。随着市场竞争的日趋激烈，为求生存和发展，董事会要求后期 5 个季度内实现收入翻倍。该企业换届选任，招贤纳士中……

大家做好应聘的准备了吗？在“CEO 候选人竞选”中，可以参考个人意愿，推选出 CEO 备选人员。有意竞选 CEO 的同学，一定要先了解 CEO 候选人竞选演讲规则，有备而战。若自己是候选人，则要准备竞选演讲；若自己不是候选人，则要根据演讲情况为候选人投票。

1. CEO 候选人注意事项

候选人要在给定的演讲时间内向投票人推销自己，证明自己是最适合岗位要求的人选，它有相对固定的内容。

（1）开门见山讲明自己所竞聘的职务和竞聘的缘由。

（2）简洁地介绍自己的情况，包括年龄、学历、工作经历、现任职务等一些客观情况。

（3）摆出自己优于他人的竞聘条件，如业务水平、工作能力等（既要有概括的论述，又要有说服力的论据，比如，讲自己的业务能力时，可用一些获得的成果和业绩来证明）。

（4）提出自己任职后的工作思路（这一部分是重点，应该讲得具体翔实，切实可行）。

（5）用最简洁的话语表明自己的决心。

2. 选民注意事项

选民要根据 CEO 候选人的演讲情况为候选人投票，依据包括以下几点。

（1）哪位候选人具有领导者的气质。

（2）哪位候选人对企业经营具有明确的计划。

（3）哪位候选人具有人格魅力，能够吸引自己加入他的团队。

三、投票操作

指导教师综合具体投票情况，确定 CEO 人选。指导教师将确定的 CEO 人选予以公布，并提示 CEO 委任人力资源总监，并开始进行现场招聘。

任务二 团队组建

一、任务描述

招聘是企业人力资源部门的重要工作，是企业获得所需人才的主要途径，与企业各项业务工作的开展有着紧密的联系。企业在组织招聘时会依据实际岗位需求确定招聘人员。

二、情景导入

智能平衡车制造企业在确定 CEO 后，CEO 将带领人力资源部总监进行现场招聘，需要在短时间内集中各方力量完成企业团队组建工作，根据岗位设置招聘人员，组建部门。

全体成员线下填写求职简历（简历没有固定格式）。

三、招聘面试流程

全体成员根据企业招聘信息，填写求职简历，并提交到人力资源部，有序参加面试，等待竞聘结果（表 1-2-1）。

表 1-2-1 组建企业团队的操作步骤

序号	操作步骤	角色	操作内容
1	撰写招聘启事	人力资源部经理	了解公司岗位需求，撰写各岗位招聘信息
2	发布招聘公告	人力资源部经理	发布各岗位招聘信息（表 1-2-2）
3	填写求职简历	应聘者	根据企业招聘信息（图 1-2-1），填写求职简历（表 1-2-3），并提交到人力资源部，有序参加面试，等待竞聘结果
4	面试	CEO 人力资源部经理	筛选简历，组织面试，通知面试结果
5	企业文化	企业全体人员	共同创建企业名称、设计海报
6	岗前培训	人力资源部经理	1. 各岗位人员了解岗位职责； 2. 各岗位人员了解公司业务流程； 3. 各岗位人员读懂各自期初数据
7	签订劳动合同	人力资源部经理	各岗位人员签订劳动合同（拓展资料）
8	劳动合同盖章公章	人力资源部经理 行政助理	1. 公章使用人填写“公章、印鉴、资质证照使用申请表”（图 1-2-2），总经理签字； 2. 行政助理审核“公章、印鉴、资质证照使用申请表”，确认无误，加盖公章； 3. 行政助理登记“公章、印鉴使用登记表”（图 1-2-3），并对填写的“公章、印鉴、资质证照使用申请表”存档

表 1-2-2　岗位明细（根据企业经营业务规划岗位人数）

序号	部门	岗位	数量	备注
1		CEO/总经理		
2	企业管理部	企业部经理		可由总经理兼任
3	企业管理部	行政助理		
4	人力资源部	人力资源部经理		
5	人力资源部	人事资源助理		
6	市场营销部	市场营销部经理		
7	市场营销部	市场部经理		
8	市场营销部	销售部经理		
9	采购部	采购部经理		
10	采购部	采购员		
11	仓储部	仓储部经理		
12	仓储部	仓管员		
13	财务部	财务部经理		
14	财务部	出纳		
15	生产计划部	生产计划部经理		
16	生产计划部	车间主任		

__________________公司，主营___________________________等业务，因公司业务发展需要，现面向社会诚聘。

愿您的加入给我们带来新的活力，我们也将为您提供广阔的发展空间!

1．招聘要求：正规本科以上学历，工作认真踏实，具有较强的沟通协调能力和团队协作意识，有责任心；专业____________、男女不限，学生会干部或班干部优先录取。

2．招聘人数：_____________人。

3．招聘岗位：_______________。

4．主要职责：_______________。

5．工资待遇：试用期的基本工资为_______________元/月，试用期为 3～6 个月。本公司将为试用期满并考核合格的员工缴纳五险一金，发放基本工资加奖金的薪酬。

6．报名方式：

7．报名日期：

联系人：

联系电话：

面试日期：________ 年_________月__________日_________ （请带毕业证或学生证、近期一寸免冠照片 1 张、简历 1 份参加面试）

面试地点：

图 1-2-1　招聘启事篇

表 1-2-3 求职简历模板

个人简历						
学院			专业			照片
姓名		性别		民族		
出生年月		籍贯		身高		
学历		政治面貌				
就业意向			个人说明			
兴趣爱好			家庭地址			
住宿地址		联系电话		手机		
任职情况						
本人简历	时间	学校		任职		
奖惩情况						

公章、印鉴、资质证照使用申请表

编 号：

部门		经办人		申请使用时间	
使用缘由					
章、证类别（原/复印件）		盖章/证照复印件份数		归还时间	
部门审核					
总经理审批					

填表说明：

1. 本表由经办人填写
2. 审核由经办人直接上级负责审核

图 1-2-2 公章、印鉴、资质证照使用申请表

公章、印鉴使用登记表

编制日期：　　年　　月　　日

申请表编号	使用人	部门	文件名称	文件主要内容	盖章时间	公章类别	盖章次数	备注

编制人：

图 1-2-3　公章、印鉴使用登记表

拓展资料

劳动合同书

甲方：

法定代表人（主要负责人）或委托代理人：

注册地址：　　　　经营地址：

乙方：

姓　　名：　　　　性　　别：

居民身份证号码：　　　　邮政编码：

户口所在地：　　　　居住住址：

根据《中华人民共和国劳动合同法》及有关法规规定，甲乙双方本着平等自愿、协商一致、合法公平、诚实信用的原则签订劳动合同，并承诺共同遵守以下条例。

第一条　合同类型和期限

甲、乙双方选择以下形式确定本合同的期限：

（一）固定期限自______年____月____日起至______年____月____日止，共____个月。

（二）其中，试用期自______年____月____日起至______年____月____日止，共____个月。

（三）乙方应在______年____月____日前到岗。

第二条 工作内容和工作地点

（一）根据甲方的工作需要，乙方同意从事岗位工作；根据甲方的工作需要，经甲乙双方协商同意，可以变更工作地点。

（二）乙方应按甲方的要求，按时完成规定的工作数量，达到规定的质量标准。

第三条 工作时间和休息休假

（一）乙方实行每周5天每天8小时的基本工作时间制。

（二）甲方因工作需要安排延长乙方的基本工作时间，并依法安排乙方的同等休息时间或支付加班加点工资。

（三）乙方依法享受国家规定的节假日和本单位规定的休假制度。

第四条 劳动保护和劳动条件

（一）甲方根据生产岗位的需要，按照国家有关劳动安全、卫生的规定为乙方配备必要的安全防护措施，发放必要的劳动保护用品。

（二）甲方根据国家的有关法律、法规，建立安全生产制度；乙方应严格遵守甲方的劳动安全制度，严禁违章作业，防止劳动过程中的事故，减少职业危害。

（三）甲方应当建立健全职业病防治责任制度，加强对职业病防治的管理，提高职业病防治水平。

第五条 劳动报酬

（一）乙方自签订合同起____个月为试用期，试用期的基本工资为正式录用工资的80%。试用期内无绩效奖金。

（二）乙方试用期满后，甲方应根据单位的工资制度，确定乙方的基本工资和绩效奖金标准，乙方的工资由基本（固定）工资和绩效工资组成。具体约定如下：

1．乙方在本岗位的基本工资为______元/月，全年共12个月。

2．乙方在本岗位的绩效奖金根据乙方的业绩考核情况按季度核定，核定方式为_______。

（三）甲方（或甲方指定的单位）应以货币形式按月支付乙方工资，发薪日为每月____日至____日之间。若乙方提供了正常劳动，则甲方支付给乙方的工资报酬不得低于当地政府规定的最低工资标准。

（四）合同期内，甲方应视乙方的工作表现情况，给予乙方提高工资待遇的机会。

第六条 社会保险和福利待遇

（一）甲、乙双方必须依法参加当地政府规定的法定社会保险，并按照国家有关规定按时向劳动保障部门所属社会保险机构缴纳社会保险费，其中乙方应缴纳部分由甲方从乙方工资中代扣代缴。

（二）乙方因工负伤（死亡）和患职业病，依法享有获得医疗救治、经济补偿的权利。

（三）乙方在劳动合同期内患病、非因工负伤，依法享有国家规定的医疗期。

（四）乙方的福利待遇按国家及甲方的规定执行。

第七条 劳动合同的变更、解除、终止、续订

（一）有下列情形之一的，甲、乙双方可以变更本合同：

1．在不损害国家、集体和他人利益的情况下，双方协商一致的；

2．劳动合同订立时所依据的客观情况发生了重大变化，经与乙方协商一致的；

3．由于不可抗力的因素致使劳动合同无法完全履行的；

4．劳动合同订立时所依据的法律、法规已修改的；

5．法律、法规规定的其他情形。

（二）乙方有下列情形之一的，甲方可以解除本合同：

1．在试用期间，被证明不符合录用条件的；

2．严重违反劳动纪律及甲方规章制度的；

3．严重失职，营私舞弊，给甲方利益造成重大损害的；

4．同时与其他用人单位建立劳动关系，对完成甲方工作任务造成严重影响，或者经甲方提出，拒不改正的；

5．以欺诈、胁迫手段或乘人之危，使甲方在违背真实意思的情况下订立或者变更劳动合同的；

6．被依法追究刑事责任的。

（三）有下列情形之一，甲方可解除本合同，但是应当提前30日以书面形式通知乙方：

1．乙方患病或非因工负伤，医疗期满后，不能从事原工作或甲方另行安排工作的；

2．乙方不能胜任工作，经过培训或者调整工作岗位，仍不能胜任工作的；

3．劳动合同订立时所依据的客观情况发生重大变化，致使原劳动合同无法履行，经甲、乙双方协商不能就变更劳动合同达成协议的。

（四）有下列情形之一的，乙方可以解除此合同：

1．甲方不能按时按量为乙方提供合理报酬的；

2．甲方未能按时按量为乙方提供保险福利的；

3．甲方不能为乙方提供合理岗位和培训机会的；

4．甲方不能为乙方提供更好发展机会的。

第八条　其他约定条款

（一）凡由甲方出资培训乙方，双方另行签订《培训/教育协议》，因乙方原因而提前解除劳动合同的，乙方应赔偿甲方的培训等费用，具体赔偿标准执行《培训/教育协议》的约定。

（二）乙方在签订劳动合同之前，甲方有权了解乙方与劳动合同直接相关的基本情况，包括但不限于劳动者的学历、履历、资格或任职证书以及以前的劳动关系是否解除或终止等。劳动者应当如实说明，并应书面承诺其真实性。若因故意漏报、隐藏前述基本情况，骗取甲方签订劳动合同的，经甲方查出或被原单位追诉的，视为乙方的欺诈行为并导致甲方的严重误解，甲方有权依法申请认定本合同自始无效，由此给甲方造成的损失，应由乙方全额承担。

（三）乙方未按照本合同第一条规定的到岗日到岗的，本合同自到岗日满后自动失效，但甲方认可的除外。由此给甲方造成的损失，应由乙方全额承担。

（四）本合同的附件与本合同具有同等效力。但如果本合同的条款与附件内容有任何冲突或不一致之处，则以附件中的内容为准。

（五）本合同履行过程中，若甲方变更名称、法定代表人或者主要负责人、投资人等事项，不影响本合同履行；若甲方发生合并或分立等情况，本合同继续有效，由承继单位继续履行。

（六）乙方在合同期内，属其岗位职务行为或主要利用甲方的物质技术条件所产生的所有专利、版权和其他知识产权归甲方所有，乙方无权进行商业性开发。

（七）双方签订本合同后，乙方不得在合同期内再受聘从事与甲方相同或类似或有竞争冲突业务的其他任何单位。

（八）乙方对在合同期间得到的有关甲方及其关联公司的情报、信息等商业秘密进行保密，不得将其泄露给任何第三者（亦包括无工作上需要的甲方雇员）。乙方违反保密义务则被视为严重违反本合同，并认为有足够的理由被辞退。此种保密义务在本合同终止或期满后的任何时间对乙方仍有约束力。

九、本合同未尽事宜，法律法规有规定的，按法律法规规定执行；法律法规没有规定的，由双方协商解决。双方协商一致的，可以变更本合同；若双方协商不成或者发生劳动争议，应当依法向调解机构申请调解，或者依法申请劳动争议仲裁、向人民法院起诉。

十、本合同一式两份，自双方签字盖章之日起生效；双方至少各执一份。曰方应按规定建立职工名册备查，并向劳动部门办理备案手续。

甲方（盖章）　　　　　　　　　　乙方（签名）

法定代表人、负责人

或委托代理人（签名）

年　月　日　　　　　　　　　　　年　月　日

任务三　企业设立与登记

一、任务描述

本任务让学生在模拟经营准备阶段了解公司所需要办理的业务，通过实践让学生熟悉相关业务的办理流程，从而锻炼学生的组织管理以及与人的交流能力。

二、情景导入

企业建立初期，企业人员需携带资料到市场监督管理局、银行、税务等政府办事大厅办理企业设立与登记业务。

三、注册公司业务办理步骤

1. 企业名称预先核准（表 1-3-1）

企业在确定好经营场所后，需到地址所在区县市场监督管理局办理名称核准，领取“企业名称预先核准申请书”，填写准备申请的公司名称，由市场监督管理局上网检索是否有重名，如果没有重名就会核发一张“企业名称预先核准通知书”（名字一般由 4 部分组成，依次是行政区划、字号、行业特征、组织形式，名字提供 5～10 个，备用）。

表 1-3-1　企业名称预先核准的操作步骤

序号	操作步骤	角色	操作内容
1	告知企业办理名称审核	市场监督管理局	通知企业总经理办理企业名称审核
2	领取“企业名称预先核准申请书”	总经理 行政助理	领取并填写“企业名称预先核准申请书”（表 1-3-2），提交资料
3	公司名称审核	市场监督管理局	1. 根据“企业名称预先核准申请书”内容，输入“申请公司名称”“备选公司名称”“经营范围”“公司所在地（必须填）”，单击“证件号码”列表输入证件号码，上网检索； 2. 检索无重名，核发一张“企业名称预先核准通知书”（表 1-3-3）

表 1-3-2　企业名称预先核准申请书

注：请仔细阅读本申请书“填写说明”，按要求填写。

□企业设立名称预先核准			
申请企业名称			
备选企业字号			
企业住所	________省（市/自治区）________市（地区/盟/自治州） 县（自治县/旗/自治旗/市/区）		
投资总额（外资）	万元	币种（外资）	
注册资本（金）	万元	币种（外资）	

（续表）

<table>
<tr><td>企业类型</td><td colspan="2"></td><td colspan="2">经营期限</td><td></td></tr>
<tr><td>经营范围</td><td colspan="5"></td></tr>
<tr><td>投资人名称或姓名</td><td>证照号码</td><td>国别（地区）（外资）</td><td>出资额（万元）（外资）</td><td>币种（外资）</td><td>出资比例（外资）</td></tr>
<tr><td></td><td></td><td></td><td></td><td></td><td></td></tr>
<tr><td></td><td></td><td></td><td></td><td></td><td></td></tr>
<tr><td></td><td></td><td></td><td></td><td></td><td></td></tr>
<tr><td colspan="6">□已核准名称项目调整（投资人除外）</td></tr>
<tr><td>已核准名称</td><td colspan="2"></td><td>通知书文号</td><td colspan="2"></td></tr>
<tr><td>拟调整项目</td><td colspan="2">原申请内容</td><td colspan="3">拟调整内容</td></tr>
<tr><td></td><td colspan="2"></td><td colspan="3"></td></tr>
<tr><td></td><td colspan="2"></td><td colspan="3"></td></tr>
<tr><td></td><td colspan="2"></td><td colspan="3"></td></tr>
<tr><td colspan="6">□已核准名称延期</td></tr>
<tr><td>已核准名称</td><td colspan="2"></td><td>通知书文号</td><td colspan="2"></td></tr>
<tr><td>原有效期</td><td colspan="2"></td><td>有效期延至</td><td colspan="2">_____年_____月_____日</td></tr>
<tr><td colspan="6">指定代表或者共同委托代理人</td></tr>
<tr><td>指定代表或委托代理人/者经办人姓名</td><td colspan="2"></td><td>移动电话</td><td colspan="2"></td></tr>
<tr><td>授权期限</td><td colspan="5">自　　年　　月　　日至　　年　　月　　日</td></tr>
<tr><td colspan="6">授权权限　（1）同意□　不同意□　核对登记材料中的复印件并签署核对意见；
（2）同意□　不同意□　修改有关表格的填写错误；
（3）同意□　不同意□　领取“企业名称预先核准通知书”

（指定代表或委托代理人、具体经办人身份证件复印件粘贴处）</td></tr>
</table>

（续表）

申请人 签字或盖章	年　月　日

注：以下“说明”供填写申请书参照使用，不需向登记机关提供。

（1）本申请书适用于内资企业和外资企业的名称预先核准申请、名称项目调整（投资人除外）、名称延期申请等。

（2）向登记机关提交的申请书只填写与本次申请有关的栏目。

（3）申请人应根据《企业名称登记管理规定》和《企业名称登记管理实施办法》有关规定申请企业名称预先核准，所提供信息应真实、合法、有效。

（4）外商投资企业申请在预先核准的名称中间使用（中国）的，应当满足下列条件：外商独资企业或外方控股企业；使用外方出资企业字号；符合不含行政区划企业名称注册资本等规定条件。

（5）“企业类型”栏应根据以下具体类型选择填写：有限责任公司、股份有限公司、分公司、非公司企业法人、营业单位、企业非法人分支机构、个人独资企业、合伙企业。

（6）“经营范围”栏只需填写与企业名称行业表述相一致的主要业务项目，应参照《国民经济行业分类》国家标准及有关规定填写。

（7）“投资总额”“币种”“国别（地区）”“出资额”“出资比例”外商投资企业填写，内资企业可以不填。

（8）申请企业设立名称预先核准、对已核准企业名称项目进行调整或延长有效期限的，申请人为全体投资人。其中，自然人投资的由本人签字，内资非自然人投资的加盖公章，外商投资企业外方非自然人投资的由有权签字人签字。

（9）在原核准名称不变的情况下，可以对已核准名称项目进行调整，如住所、注册资本（金）等，变更投资人的除外。

（10）“企业名称预先核准通知书”的延期应当在有效期期满前一个月内申请办理，申请延期时应交回“企业名称预先核准通知书”原件。投资人有正当理由，可以申请“企业名称预先核准通知书”有效期延期六个月，经延期的“企业名称预先核准通知书”不得再次申请延期。

（11）指定代表或委托代理人/者经办人应在粘贴的身份证件复印件上用黑色钢笔或签字笔签字确认“与原件一致”。

（12）“投资人姓名或名称”栏及“已核准名称项目调整（投资人除外）”项可加行续写或附页续写。

（13）申请人提交的申请书应当使用A4型纸。依本表打印生成的，使用黑色钢笔或签字笔签署；手工填写的，使用黑色钢笔或签字笔工整填写、签署。

表 1-3-3 企业名称预先核准通知书

企业名称预先核准通知书

（ ）登记内名预核字[ ]第 号

根据《企业名称登记管理规定》《企业名称登记管理实施办法》有关规定，同意预先核准下列 个投资人出资，注册资本（金） 万元（人民币），住所设在 的企业名称为：

行业及行业代码：

投资人信息：

名称或姓名	证照号码

以上预先核准的企业名称保留期至 年 月 日。在保留期内，企业名称不得用于经营活动，不得转让。

（印章）

核准日期： 年 月 日

登记机关备案：

本通知书从国家市场监督管理总局企业登记网上注册申请业务系统下载打印。落款登记机关的名称与登记业务专用章上的登记机关名称一致的有效，不一致的无效（登记机关名称已经变更、登记业务专用章尚未作相应变更的，视为一致）。

登记机关： （名称）（印章）

打印日期： 年 月 日

注：（1）预先核准的企业名称有效期从核准之日起计算。通知书规定的有效期满未到企业登记机关完成设立登记的，自动失效。有正当理由，需延长预先核准名称有效期的，申请人应在有效期满前 1 个月内申请延期。有效期延长时间不超过 6 个月。

（2）名称预先核准时不审查投资人资格和企业设立条件，投资人资格和企业设立条件在企业登记时审查。申请人不得以企业名称已核为由抗辩企业登记机关对投资人资格和企业设立条件的审查。企业登记机关也不得以企业名称已核为由不予审查就准予企业登记。

（3）企业设立登记时，申请人应当将此通知书提交企业登记机关。企业登记机关应将本通知书归入企业登记档案。企业登记机关应当在核准企业设立登记之日起 30 日内，通过国家市场监督管理总局企业登记网上注册申请业务系统进行企业名称登记备案。

2. 公司住所证明

如果公司住所是租赁用房的，则提交房主的“房屋产权登记证”的复印件或有关房产权的证明文件及租赁协议。如果公司的住所是股东作为出资投入使用的，则提交股东的“房屋产权登记证明”或有关房屋产权证明的文件及该股东出具的证明文件。

3. 编写“公司章程”，由所有股东签名

4. 刻法人私章

5. 银行开立公司验资账户

验资账户即办理人民币验资户开立手续（表 1-3-4 和表 1-3-5），验资户指企业增加注册资金并存入银行的账户或者新成立企业在注册验资期间临时开立的账户。

表 1-3-4　提交材料规范

序号	资料明细
1	填写开户申请书、开立账户授权书、办理业务授权书两份
2	填写对账服务协议、结算账户管理协议
3	银企对账印鉴卡、验资户印鉴卡
4	工商行政管理机构出具预先核准通知单
5	出资人为自然人的，需提供出资人身份证（原件/复印件）
6	以上资料的复印件均须加盖公章或私章

注册验资是指在注册公司时，需要在用户的银行开户行（验资户）存入一笔资金，存入后需要有专业的会计师事务所对所存入的资金情况进行检查，并出具相关资金证明报告，又称“验资报告”，这是设立公司的前提条件之一，也是代表公司规模的因素之一。

注册验资需注意以下几点：

注册验资是将资金临时存放于验资户，在验资期间只收不付，注册验资的汇缴人应与出资人的名称一致；

注册验资的资金必须与用户申请工商执照时的额度相符，不可虚假出资。注册验资资金在验资完成之后必须转入公司的基本账户，并不得抽逃资金；

在公司注册完成后，不得任意修改此注册资金，如果要修改需进行验资流程，则出具新的验资报告。

表 1-3-5　开立公司验资账户的操作步骤

序号	操作步骤	角色	操作内容
1	开立账户	银行柜员	1. 根据企业提供的企业信息，开立银行账户； 2. 为企业提供银行账号
2	去银行开立验资户	出纳	去银行开立验资户头
3	签发转账支票	出纳	按照银行存款的数额，签发转账支票（图 1-3-1）
4	填写进账单	出纳	按照新开立的账号，填写进账单（图 1-3-2）
5	去银行存入资金	银行柜员	1. 审核转账支票与进账单； 2. 将确认无误的支票入账回单返还给客户； 3. 按企业转账支票存入资金
6	转账支票进账	银行柜员	1. 按企业签发的转账支票金额将资金转入验资户； 2. 在进账单回单（收账通知）上盖“转讫”章； 3. 将进账单（收账通知）交给客户后再进行入账
7	编制记账凭证	财务部经理	1. 接受支票入账回单； 2. 编制记账凭证

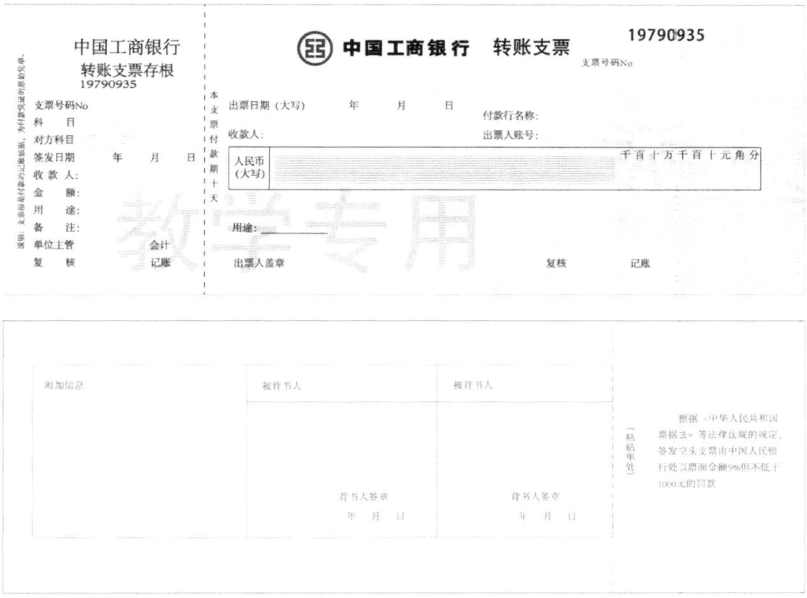

图 1-3-1 支票

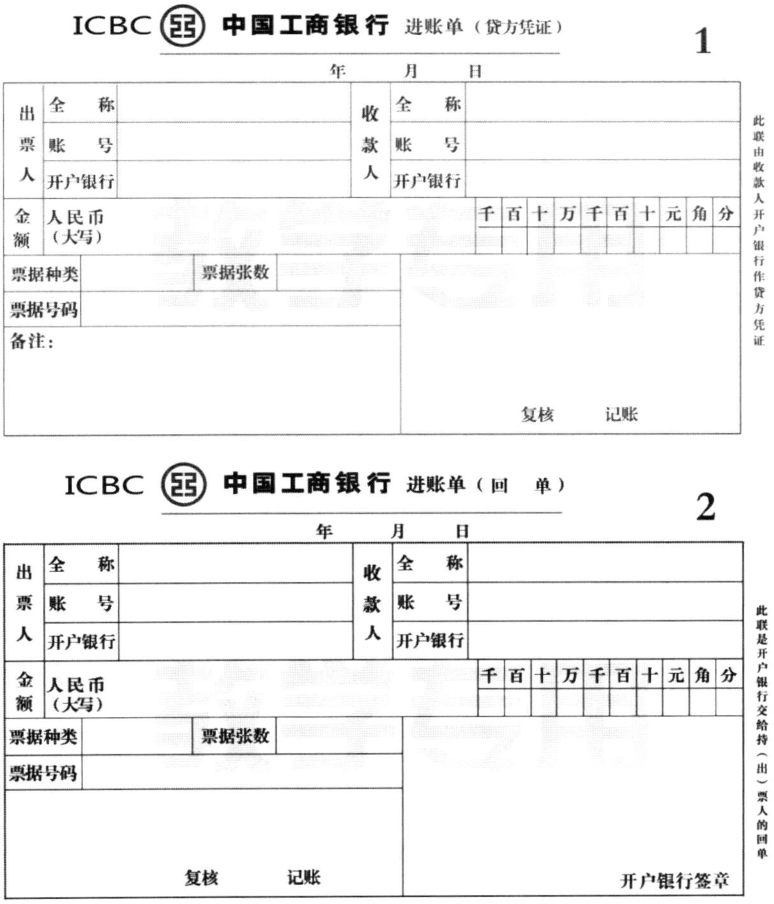

图 1-3-2 进账单

ICBC 中国工商银行 进账单（收账通知） 3

年　月　日

出票人	全　称		收款人	全　称	
	账　号			账　号	
	开户银行			开户银行	
金额	人民币（大写）				千 百 十 万 千 百 十 元 角 分
票据种类		票据张数			
票据号码					
复核　记账				收款人开户银行签章	

此联是收款人开户银行交给收款人的收账通知

图 1-3-2　进账单（续）

6. 办理验资报告

验资报告由会计师事务所或者审计事务所及其他具有验资资格的机构出具（表 1-3-6）。公司成立时，需要到市场监督管理局指定的银行开立公司验资户，并存入注册资金。

表 1-3-6　验资的操作步骤

序号	操作步骤	角色	操作内容
1	携带相关资料办理验资	行政助理	1. 准备验资相关资料：“企业名称预先核准通知书”（表 1-3-3）原件、出资人身份证件、被委托人身份证原件、银行出具的股东缴款单、公司章程、房租合同、房产证复印件等； 2. 携带资料，办理验资
2	验资	注册会计师	核实验资资料，发放验资报告（本任务拓展资料）
3	归档	行政助理	对取得的验资报告进行归档

7. 领取营业执照

公司到市场监督管理局窗口办理，领取营业执照，所携带资料见表 1-3-7 所列。

表 1-3-7　领取营业执照需携带以下资料

序号	资料明细	序号	资料明细
1	注册地址证明（租赁合同、房产证等）	4	验资报告
2	股东会决议	5	公司章程
3	股东、法人身份证	6	公司设立登记表
7	企业名称预先核准通知书		

8. 刻章

公司凭营业执照到公安局备案刻章，备案完成后再到指定刻章店刻章（公章及财务章必须刻，其他章可需要再刻）。

9. 税务登记

公司应当自领取工商营业执照之日起 30 日内到当地税务局办理税务报到。税务局将核定企业缴纳税金的种类、税率等事务（公司成立后次月必须报税，即便没有营业收入也需要建账及零申报，表 1-3-8）。

税务登记又称纳税登记，是指税务机关根据税法规定，对纳税人的生产、经营活动进行登记管理的一项法定制度，也是纳税人依法履行纳税义务的法定手续。

税务登记是税务机关对纳税人实施税收管理的首要环节和基础工作，是征纳双方法律关系成立的依据和证明，也是纳税人必须依法履行的义务。

表 1-3-8 税务登记的操作步骤

序号	操作步骤	角色	操作内容
1	去办理税务登记	行政助理	凭营业执照、组织机构代码证办理税务登记证（图 1-3-3，已三证合一）
2	颁发税务登记证	地方税务局	填写税务登记表，提交登记信息，领取税务登记证
3	归档	行政助理	收到税务登记证并归档

图 1-3-3 企业营业执照

10. 去银行开基本户（办理的所有证件及资料都带上，表 1-3-9）

企业经工商注册登记后将验资账户变更为企业基本账户，其中，企业基本账户是指办理转账结算和现金收付的主办账户。企业经营活动的日常资金收付以及工资、奖金和现金的支取均可通过该账户办理。存款人只能在银行开立一个基本存款账户。开立基本存款账户是开立其他银行结算账户的前提。按《人民币银行结算账户管理办法》规定，一家单位只能选择一家银行申请开立一个基本存款账户。

表 1-3-9　开立企业基本账户的操作步骤

序号	操作步骤	角色	操作内容
1	携带资料到银行办理开户	行政助理	带企业营业执照正副本、组织机构代码证书正本、税务登记证、法人身份证、经办人身份证办理
2	查询企业账户信息	银行柜员	将验资账户转为企业基本账户，此时银行柜员只需要在系统里查出原验资账户的信息并手工填写在空白纸上，然后交给行政助理即可
3	归档	行政助理	1．整理开户相关信息、资料； 2．归档

拓展资料

验 资 报 告

××××××会验（20××）第××号

×××××有限公司：

我们接受委托，审验了贵公司截至××××年××月××日申请设立登记的注册资本实收情况。按照法律法规以及协议、章程的要求出资，提供真实、合法、完整的验资资料，保护资产的安全、完整是全体股东及贵公司的责任。我们的责任是对贵公司注册资本的实收情况发表审验意见。我们的审验是依据《中国注册会计师审计准则第 1602 号——验资》进行的。在审验过程中，我们结合贵公司的实际情况，实施了检查等必要的审验程序。

根据协议、章程的规定，贵公司申请登记的注册资本为人民币 6 000 000.00 元，由股东××××于××××年××月××日之前一次性缴足。经我们审验，截至××××年××月××日，贵公司已收到××××缴纳的注册资本，合计人民币陆佰万元。股东以货币出资 6 000 000.00 元。

本验资报告供贵公司申请办理登记及据以向全体股东签发出资证明时使用，不应被视为是对贵公司验资报告日后资产保全、偿债能力和持续经营能力等的保证。因使用不当造成的后果，与执行本验资业务的注册会计师及本会计师事务所无关。

附件：1．注册资本实收情况明细表

2．验资事项说明

××××会计师事务所

中国注册会计师：×××

中国注册会计师：×××

××××年××月××日

附件 1

注册资本实收情况明细表

截止××××年××月××日止

被审验单位名称：××××有限公司　　　　注册资本币种：人民币　　　　单位：元

股东名称	认缴注册资本		实缴注册资本									
									实收资本			
											其中：货币出资	
	金额	出资比例	货币	实物	知识产权	土地使用权	其他	合计	金额	占注册资本总额比例	金额	占注册资本总额比例
×××××	6 000 000.00	100%	6 000 000.00					6 000 000.00	6 000 000.00	100%	6 000 000.00	100%
合计	6 000 000.00	100%	6 000 000.00					6 000 000.00	6 000 000.00	100%	6 000 000.00	100%

中国注册会计师：×××

中国注册会计师 ***

××××会计师事务所

CERTIFIED PUBLIC ACCUNTING LLP 会计师事务所（特殊普通合伙人）

附件 2

验资事项说明

一、基本情况

×××××有限公司（以下简称贵公司）系××××出资组建的有限责任，于××××年××月××日在××市××区工商行政管理局注册登记。

二、申请的注册资本及出资规定

根据公司章程的规定，贵公司注册资本为人民币 6 000 000.00 元，由××××于××××年××月××日之前一次性缴足。其中，××××认缴人民币 6 000 000.00 元，占注册资本的 100%，出资方式为货币。

三、审验结果

截至××××年××月××日，贵公司已收到××××缴纳的注册资本合计人民币 6 000 000.00 元，实收资本占注册资本的 100%。

（一）××××实际缴纳的出资人民币 6 000 000.00 元，于××××年××月××日缴存×××××有限公司在××银行股份有限公司××支行存款账户×××××账号内。

（二）全体股东的货币出资金额 6 000 000.00 元，占注册资本总额的 100%。

会计师事务所工商营业执照

会计师事务所资质证书

会计师证书

任务四　认识岗位职责

一、任务描述

经过招聘面试之后，新的管理团队组建起来，每位实训学生都有了自己的岗位。学生应了解自己所承担职位的主要工作职责，明确岗位要求。

二、情景导入

为了整个学习过程有的放矢，增强学习效果，实习中要求填写岗位工作日志、任务流程学习表，此类表格属自制表格，没有固定格式。岗位工作日志用于记录工作内容、落实工作过程中遇到的问题、解决及优化建议；任务流程学习表用于强化学员对任务流程、资料与数据传递过程的理解（表 1-4-1）。

表 1-4-1　岗位工作日志的操作步骤

序号	操作步骤	角色	操作内容
1	了解岗位工作日志要求	全体岗位	学习“岗位工作日志”（表 1-4-2）
2	撰写岗位工作日志	全体岗位	根据各自岗位及任务进展，撰写岗位工作日志
3	提交岗位工作日志	全体岗位	将岗位工作日志提交给实习指导老师

表 1-4-2　岗位工作日志

公司名称：　　岗位：　　姓名：　　学号：　　　　日期：　　年　　月　　日

<table>
<tr><td colspan="2" rowspan="2">项目</td><td rowspan="2">主要工作</td><td rowspan="2">任务要点描述完成</td><td colspan="3">处理情况</td><td rowspan="2">CEO 审核意见</td></tr>
<tr><td>未完成</td><td>处理意见跟进情况</td><td>预计完成时间</td></tr>
<tr><td rowspan="2">当天推送任务</td><td>常规任务</td><td></td><td></td><td></td><td></td><td></td><td></td></tr>
<tr><td>其他分配事务</td><td></td><td></td><td></td><td></td><td></td><td></td></tr>
<tr><td rowspan="2">计划外工作</td><td>突发事件处理</td><td></td><td></td><td></td><td></td><td></td><td></td></tr>
<tr><td>临时事务处理</td><td></td><td></td><td></td><td></td><td></td><td></td></tr>
<tr><td colspan="2">组织内部交流（以企业为单位）</td><td></td><td></td><td></td><td></td><td></td><td></td></tr>
<tr><td colspan="2">同部门交流体会（以科室为单位）</td><td></td><td></td><td></td><td></td><td></td><td></td></tr>
<tr><td colspan="2">当日工作总结</td><td></td><td></td><td></td><td></td><td></td><td></td></tr>
<tr><td colspan="2">次日工作计划</td><td></td><td></td><td></td><td></td><td></td><td></td></tr>
</table>

第二章　公共服务环节

任务一　市场监督管理局——企业申请营业执照

一、任务描述

通过公司注册知识的讲解，学生可以了解真实公司的注册流程，从而提高公司注册效率，增强创办企业的信心。

二、情景导入

本任务能让学生在模拟经营准备阶段了解机构所需要办理的业务，通过实践让学生熟悉相关业务的流程（表 2-1-1 和图 2-1-1）。

表 2-1-1　企业设立登记的操作步骤

序号	操作步骤	角色	操作内容
1	领取“企业设立登记申请书”	申请人	申请人领取“企业名称预先核准申请书”（图 1-3-1），申请名称预先核准登记
2	核准登记	市场监督管理局	核准“企业名称预先核准申请书”
3	申请企业设立登记	申请人	申请人领取“企业名称预先核准申请书”，按“提交材料规范”（表 1-3-4）备齐材料，申请企业设立登记
4	受理设立登记	市场监督管理局	材料齐全并符合法定形式的，受理设立登记，出具“受理通知书”（图 2-1-2）
5	准予设立登记	市场监督管理局	登记机关准予设立登记
6	发照	市场监督管理局	发照：申请人缴纳登记费，领取营业执照

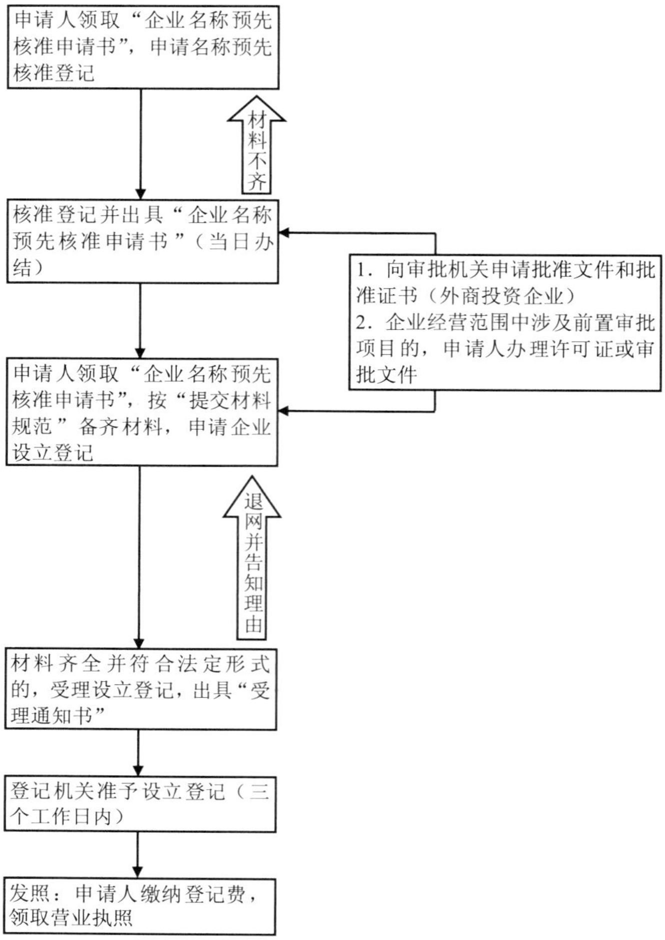

图 2-1-1　企业设立登记的流程图

（资料性附录）

受理通知书

××××××：

本窗口收到您申请办理的××××××事项所送的申请材料计××项，经审查，所送的申请材料齐全，符合法定形式，现予受理，我窗口将在××个工作日内给予办理。

特此告知

经办人：××××××　　联系电话：××××××　　监督投诉电话：××××××

承办窗口（章）

××××年××月××日

注：1．本通知书仅作为受理证明，与审批结果无必然联系；

2．第一联申请人留存，第二联窗口存档。

图 2-1-2　受理通知书

任务二 市场监督管理局——营业执照年检全流程

一、任务描述

市场监督管理局的人员根据国家有关法律、法规及公司章程的规定并结合实训要求，进行营业执照年检业务。

二、情景导入

通过本任务，企业依照平台工商管理规则向所在区域市场监督管理局办理工商年检工作。

三、操作流程（表 2-2-1）

表 2-2-1 企业申报年检材料的操作步骤

序号	操作步骤	角色	操作内容
1	企业申报年检材料	行政助理	1. 营业执照副本复印件，加盖公章； 2. 法定代表人身份证复印件，加盖公章； 3. 开户银行许可证复印件，加盖公章； 4. 银行核对账单（开业至今）复印件，加盖公章； 5. 验资报告复印件，加盖公章以及骑缝章； 6. 公司章程复印件，加盖公章以及骑缝章； 7. 租房协议复印件，加盖公章以及骑缝章（此协议中租房人必须为公司名称）； 8. 所租房屋的房产证复印件，加盖公章以及骑缝章（写字楼：此房产证复印件以及盖章，私房：房产证原件以及合同）； 9. 如果委托代理年检企业，则需要代理人持被代理企业授权委托书和法人身份证复印件； 10. 营业执照副本原件； 11. 财务章； 12. 合同章； 13. 公章、公司资料、其他； 14. 签字笔； 15. 年检费（说明：具体数目根据当年政策规定）； 16. 年检申请报告书（在市场监督管理局网生成后打印即可）； 17. 上一年度负债表（财务提交）； 18. 上一年度损益表（财务提交）
2	受理审核材料	市场监督管理局	审核年检材料，加盖年检印章
3	发还营业执照	市场监督管理局	加贴年检标识，发还营业执照

任务三　人社局——缴纳社会保险的步骤

一、任务描述

社会保险是国家通过立法强制建立的，通过向参保对象征收社会保险费的统筹方式，建立庞大的社会保险基金，使劳动者（参保人）在年老、患病、因公致残、生育、失业或者死亡时，其本人或家属能够从社会获得物质帮助，保障基本生活，促进经济发展和保持社会稳定的一种社会保障制度。

社会保险主要包括养老保险、工伤保险、失业保险、医疗保险、生育保险等险种。

二、情景导入

在实训中，银行、企业与社会保险中心签订同城特约委托收款协议，由银行在指定日期内为社会保险中心收取社保费。

三、操作流程（表 2-3-1）

表 2-3-1　委托银行收取社保费的操作步骤

序号	实施内容	岗位	实施步骤
1	核定企业社会保险费	社保局专管员	1．企业将当月应缴纳的社会保险费计算汇总，并送至社会保险中心； 2．结合该企业过往社会保险信息及当月变动数据，核定该企业当月应缴费金额
2	社会保险缴费金额告知	社保局专管员	1．制作辖区内各企事业单位月度社会保险缴费表； 2．告知银行应缴费的企业名称、缴费金额、付款账号及社保中心收款账号
3	划转社会保险	银行柜员	将社保局专管员提供的数据录入系统
4	单据分拣	银行柜员	1．打印同城委托收款凭证（图 2-3-1），并在第 1 联加盖银行业务章； 2．将第 1 联放到企业回单箱，银行留存第 2 联

同城委托收款凭证（付款通知）

第　　号

特约　　　　委托日期　　年　　月　　日

<table>
<tr><td rowspan="3">付款人</td><td>全称</td><td></td><td rowspan="3">收款人</td><td>全称</td><td colspan="10">北京市××区人力资源和社会保障局</td></tr>
<tr><td>账号</td><td>01002299998888××××</td><td>账号</td><td colspan="10">010020444000010××××</td></tr>
<tr><td>开户行</td><td>中国××银行北京分行</td><td>开户行</td><td colspan="10">中国××银行北京分行××支行</td></tr>
<tr><td rowspan="2">委托金额</td><td colspan="2" rowspan="2">人民币（大写）　叁万零贰佰元整</td><td>千</td><td>百</td><td>十</td><td>万</td><td>千</td><td>百</td><td>十</td><td>元</td><td>角</td><td>分</td></tr>
<tr><td></td><td></td><td>¥</td><td>3</td><td>0</td><td>2</td><td>0</td><td>0</td><td>0</td><td>0</td></tr>
<tr><td>计费周期</td><td></td><td colspan="2">协议（合同）号码</td><td colspan="11"></td></tr>
<tr><td>款项内容</td><td></td><td colspan="13">根据付款人的委托付款授权，上列款项已在付款人账户内支付。
付款人开户行盖章
20××年××月××日</td></tr>
</table>

此联为付款人开户银行给付款人的付账通知

单位主管　　会计　　复核　　记账

图 2-3-1　同城委托收款凭证

任务四 人社局——缴纳住房公积金

一、任务描述

在实训中，银行、企业与住房公积金管理中心签订同城特约委托收款协议，由银行在指定日期内为住房公积金管理中心收取住房公积金费用。

二、情景导入

住房公积金是各单位及其在职员工共同缴存的长期住房专项储金。住房公积金由个人缴存部分和单位缴存部分两部分构成，不管是个人缴存部分还是单位缴存部分均属个人所有。

三、知识储备

委托由住房公积金管理委员会按中国人民银行规定指定的商业银行办理住房公积金贷款、结算等金融业务和住房公积金账户的设立、缴存、归还等手续，与受委托银行签订委托协议，按规定支付手续费。

四、操作流程（表 2-4-1）

表 2-4-1 住房公积金缴纳的操作流程

序号	角色	操作步骤	操作内容
1	公积金专管员	核定企业住房公积金费用	1．告知企业将当月应缴纳的社会保险费计算汇总，填制住房公积金缴存明细表（表 2-4-2），并送至社会保险中心； 2．结合该企业过往住房公积金信息及当月变动数据，核定该企业当月应缴费金额
2	公积金专管员	住房公积金缴费金额告知	1．制作各企业月度住房公积金缴费明细表（表 2-4-3）； 2．告知银行应缴费的企业名称、缴费金额、付款账号及住房公积金管理中心收款账号
3	银行柜员	划转住房公积金	1．依据住房公积金专管员提供的数据将社会保险费由企业账户划转至社会保险中心账户； 2．填写住房公积金委托银行代收合同书（图 2-4-1）
4	银行柜员	单据分拣	1．委托银行代收合同书，并在第 1、2 联加盖银行业务章； 2．将第一联放在企业回单箱，第 2 联放在社会保险中心回单箱内，银行留存第 3 联

表 2-4-2 住房公积金缴存明细表

填报单位：（盖章） 缴存银行： 单位：元

编号	姓名	个人账号	（1）计缴工资基数	缴存比例		月缴存额		（6）月缴存总额
				（2）单位	（3）职工	（4）单位	（5）职工	

单位负责人： 填 报 人： 联系电话：

填报日期： 年 月 日

说明：1. （4）=（1）×（2）、（5）=（1）×（3）、（6）=（4）+（5）。

2. （4）、（5）、（6）**栏的数额以整元为尾数、逢角进元。** 经审核，符合有关规定。（盖章）

表 2-4-3 各企业月度住房公积金存缴明细表

填报单位：（盖章） 缴存银行： 单位：元

序号	企业名称	缴费金额	付款账号	住房公积金管理中心收款账号

北京市__________ 基金管理局

委托银行代收合同书

No:

甲方：（参保人）

乙方：

为便于甲乙双方__________ 基金的收付结算，经双方认可，特制订如下合同：

一、甲、乙双方共同遵守中国人民银行北京市分行关于北京市特种委托收款结算办法以及社会保险的有关制度和规定，甲方同意每月由中国工商银行北京市昌平区支行通过电脑将应缴的保险费自动划入乙方账户。

二、甲方应提供在中国建设银行、中国农业银行、中国工商银行、中国银行四家银行中的任一家开立的缴交保险金专用存折账号。

三、乙方在每月月底划款，甲方每月 5 日前应在自己的账户上留有足够的资金，如果甲方账户在乙方划款期间的资金不足以支付当月的保险费，乙方将在下月划款时一并划转，并自 15 日起每日按应划款项的 2‰加收滞纳金。如果连续三个月未能划款成功，乙方将停止甲方的所有保险业务，由此造成的损失由甲方负责。

四、甲方在开立账户后，不得随意更改为其他账号。如果存折不慎遗失，应及时通知乙方和开户银行更换新账号。由于甲方未通知或延迟通知乙方和开户银行，使乙方不能按时划款而造成的加收滞纳金和其他后果，均由甲方负责。

五、甲方如果对划款有疑问，可到乙方查询，乙方应及时给予查询。对属于电脑错误等原因而造成错收的，双方协定在下月划款时多退少补，当月一般不作更改。

六、每月由乙方提供划款收据，并定期邮寄到甲方所填通讯地址。

七、为保证甲、乙双方能够正常联系，甲方在更改通讯地址、联系电话等之后，应立即通知乙方。

八、本协议一式三份，甲、乙双方及甲方开户行各执一份。

甲方（参保人）填写	乙方（市、区社保局/公积金管理中心）
单位名称：	个人电脑号：
通信地址：	参保起始时间：
邮政编码：	联系电话：
联系电话：	

甲方账号（银行填写）：

开户银行：

签订时间：　　年　　月　　日

图 2-4-1　委托银行代收合同书

任务五　税务局——登记税务

一、任务描述

企业办理税务报到，完成税务登记。

二、情景导入

税务局在本实训中主要的任务是收取企业税费。该任务发生在固定经营初期，需要税务局把相关税务知识制作成文档或PPT，并与主讲教师沟通确认内容的准确性后，再为实训同学讲解税务知识。

三、知识储备

办理税务登记条件：从事生产经营的纳税人，要在领取营业执照之日起30日内到办税服务厅申办税务登记，并备齐有关证件资料，包括营业执照、有关合同、章程、协议书、银行账户、账号证明、组织机构代码证及复印件、法定代表人和董事会成员名单或业主居民身份证（护照）以及当地主管税务机关要求提供的其他证件、资料。

纳税人办理税务登记时，先从税务窗口或办税服务厅指定的其他窗口领取“税务登记表”（一式三份），按要求填写后签字或盖章，连同其他证件、资料递送到税务登记窗口进行申报。税务机关自收到申报之日起30日内审核并发给税务登记证件。

变更登记：纳税人的税务登记内容发生变化的，应当自工商行政管理机关或者其他机关办理变更或者税务登记内容发生变化之日起30日之内，向原税务登记机关申报，办理变更税务登记。

四、操作流程（表2-5-1）

表2-5-1　税务登记的操作流程

序号	角色	操作步骤	操作内容
1	销售公司行政主管 制造公司行政经理	去办理税务登记	凭营业执照、组织机构代码证办理税务登记证
2	税务局	颁发税务登记证	填写税务登记表（表2-5-2），提交登记信息，领取税务登记证（图2-5-1）
3	销售公司行政主管 制造公司行政经理	归档	收到税务登记证并归档

表 2-5-2　税务登记表（适用单位纳税人）

A01001　税务登记表（适用单位纳税人）

一、分类索引

（一）业务类别

税务登记

（二）表单类型

纳税人填报

（三）设置依据（表单来源）

政策规定表单

二、政策依据

《国家税务总局关于换发税务登记证件的通知》（国税发〔2006〕38 号）

三、表单

税务登记表

（适用单位纳税人）

填表日期：

<table>
<tr><td colspan="3">纳税人名称</td><td colspan="2"></td><td colspan="3">纳税人识别号</td><td colspan="2"></td></tr>
<tr><td colspan="3">登记注册类型</td><td colspan="2"></td><td colspan="3">批准设立机关</td><td colspan="2"></td></tr>
<tr><td colspan="3">组织机构代码</td><td colspan="2"></td><td colspan="3">批准设立证明或文件号</td><td colspan="2"></td></tr>
<tr><td>开业（设立）日期</td><td colspan="2"></td><td>生产经营期限</td><td></td><td>证照名称</td><td colspan="2"></td><td>证照号码</td><td></td></tr>
<tr><td>注册地址</td><td colspan="4"></td><td>邮政编码</td><td colspan="2"></td><td>联系电话</td><td></td></tr>
<tr><td>生产经营地址</td><td colspan="4"></td><td>邮政编码</td><td colspan="2"></td><td>联系电话</td><td></td></tr>
<tr><td>核算方式</td><td colspan="6">请选择对应项目打“√”□独立核算　□非独立核算</td><td>从业人数</td><td colspan="2">其中外籍人数</td></tr>
<tr><td>单位性质</td><td colspan="9">请选择对应项目打“√”□企业　□事业单位　□社会团体　□民办非企业单位　□其他</td></tr>
<tr><td>网 站 网 址</td><td colspan="4"></td><td>国标行业</td><td colspan="4">□□ □□ □□ □□</td></tr>
</table>

税务登记证

税　字　　号

纳税人名称：

法定代表人（负责人）：

地址：

登记注册类型：

经营范围：

批准设立机关：

扣缴义务：依法确定

发证税务机关

年　月　日

图 2-5-1　税务登记证

任务六　税务局——购买增值税发票

一、任务描述

纳税人根据税务机关发票核定的数量和种类申请购买发票。

二、情景导入

公司根据需求到税务局申请购买发票。

三、知识储备

发票是指一切单位和个人在购销商品、提供劳务或接受劳务、服务以及从事其他经营活动时所提供给对方的收付款的书面证明，是财务收支的法定凭证，是会计核算的原始依据，也是审计机关、税务机关执法检查的重要依据。

四、操作流程（表 2-6-1）

表 2-6-1　购买增值税发票的操作流程

序号	角色	操作步骤	操作内容
1	公司总经理	去税务局购买发票	到税务局购买发票（相关资料税务登记证副本、发票存根和财务章可以不用携带）
2	税务局	销售发票	将增值税专用发票销售给公司
3	税务局	开具收款凭证	开具收款凭证（表 2-6-2）
4	公司总经理	填制记账凭证	填制记账凭证（图 2-6-1）

表 2-6-2　收款凭证

日 期:　年　月　日　　凭证号数：_______　　附原始凭证____份　　_________NO:

附原始凭证____份

摘要	科目	结算方式	记账	金额									
				千	百	十	万	千	百	十	元	角	分
合计	大写：　仟　佰　拾　万　仟　佰　拾　元　角　分												

主管　　　　会计　　　　　　　　　　缴款人签字

总 第 号

对方科目：　　　　年　月　日　字 第 号

摘要	总账科目	明细账科目	✓	借方金额										贷方金额									
				千	百	十	万	千	百	十	元	角	分	千	百	十	万	千	百	十	元	角	分
合　计																							

附件　张

会计主管　　记账　　出纳　　审核　　制证

图 2-6-1　记账凭证

任务七 贸易服务公司

一、任务描述

贸易服务公司可作为销售公司的下游环节，通过发布订单，与销售公司签订合同，支付货款等方式更好地完成组织目标。

二、知识储备

虚拟订单数量根据销售公司开课组数确定，请根据实际销售公司开课组数进行计算。

计算公式：虚拟订单采购数量=每家销售企业供应量÷销售企业开课组数×制造企业开课组数。

三、情景导入

贸易服务公司发布订单，由销售公司进行竞单，贸易服务公司与竞单成功的销售企业签订购销合同，按合同约定收到商品后向销售公司支付货款。

四、操作流程（表 2-7-1）

表 2-7-1 贸易服务公司的操作流程

序号	角色	操作步骤	操作内容
1	贸易服务公司销售经理	根据销售公司存货情况，参考计算公式，贸易服务公司设计市场订单并发布	根据销售公司存货情况，参考计算公式，贸易服务公司设计市场订单并发布。销售公司根据贸易服务公司发布的订单情况进行竞单
2	贸易服务公司销售经理	贸易服务公司与竞单成功的销售企业签订购销合同	贸易服务公司与竞单成功的销售企业签订购销合同，进行记录
3	支付货款	签发转账支票	1．根据经审核的支出凭单签发转账支票； 2．填写支票登记簿

任务八 会计师事务所——代理记账业务

一、任务描述

会计师事务所分别为制造企业和销售企业提供代理记账服务。

二、情境导入

为提高企业经营效率，降低企业成本，节省企业费用，制造企业和销售企业选择代理记账公司，这既能为公司处理棘手的问题又能为企业提供更专业化的服务。

拓展资料

代理记账合同书

委托方（甲方）：

代理方（乙方）：

为了规范甲方收支活动的会计核算，建立健全会计核算工作，根据《中华人民共和国会计法》及《代理记账管理办法》的规定，甲乙双方经友好协商，本着自愿与需要的原则，签订如下代理记账合同。

1．委托代理范围：

乙方根据委托人（甲方）提供的原始凭证和其他资料，按照企业会计准则的规定进行会计核算，包括填制记账凭证、登记会计账簿、编制会计报表、国（地）税纳税申报、出口退税申报等相关法律、法规要求的其他工作。

2．委托代理时间：

自_____年____月____日至_____年____月____日（完成_____年____月至_____年____月的代理记账工作）。

3．收费标准及付费方式：

上述代理业务费用为每年：*******，支付方式：预先支付。

开户名：********

开户行：*****

账号：*****

4．甲乙双方义务：

（1） 委托人应当履行下列义务：

①对本单位发生的经济业务事项，应当填制或者取得符合国家统一的会计制度规定的原始凭证。

②应当配备专人负责日常货币收支和保管，并按照相关制度的规定定期清查。

③及时向代理记账机构提供合法、真实、完整的原始凭证和其他相关资料并对其合法性、真实性负责。

④对于代理记账机构退回的，要求按照国家统一的会计制度的规定进行更正、补充的原始凭证，应当及时予以更正、补充。

⑤按照约定支付代理记账服务费，如果超过约定时间一个月未支付服务费，本协议自动终止，由此带来的一切后果由委托人承担。

（2）代理记账机构及其从业人员应当履行下列义务：

①遵守有关法律法规和国家统一的会计制度的规定，按照委托合同办理代理记账业务。

②对在执行业务中知悉的商业秘密予以保密。

③对委托人要求其做出不当的会计处理，提供不实的会计资料，以及其他不符合法律、法规和国家统一的会计制度行为的，予以拒绝。

④对委托人提出的有关会计处理相关问题予以解释。

⑤如果代理机构未按约定履行义务，甲方有权终止合同并不支付服务费。

5．本合同一式两份，双方各执一份，并经双方代表签字和加盖公章后生效。

甲方：　　　　　　　　　　　　代表：

乙方：　　　　　　　　　　　　代表：

年　　月　　日

任务九　会计师事务所——审计业务

一、任务描述

会计师事务所分别为制造企业和销售企业提供审计服务。

二、情境导入

年初为审查制造企业和销售企业财务收支以及经济活动的真实性、合法性等，监督其是否履行经济责任，以达到纠正错误，严防舞弊，加强控制，提高效益的目的，制造企业和销售企业决定聘请该会计师事务所为本企业提供审计服务。

三、操作内容

1. 审计准备阶段

根据项目审计计划，会计师事务所对被审计单位的审计事项开展审前调查活动，制订审计工作方案，组成审计组，在实施审计三日前，向被审计单位送达审计通知书。

2. 审计实施阶段

审计人员通过审查会计凭证、会计账簿、会计报表等方式进行审计，并取得审计证明材料。

3. 审计报告阶段

审计组对审计事项实施审计后，应当向审计机关提出审计报告。审计报告报送审计机关前，应当征求被审计单位的意见。被审计单位应当自接到审计报告之日起十日内，将其书面意见送交审计组或者审计机关；自接到审计报告十日内未提出书面意见的，视同无异议。

4. 审计处理阶段

对审计事项做出评价，出具审计意见书；对违反国家规定的财政收支、财务收支行为，需要依法给予处理、处罚的，在法定职权范围内做出审计决定或者向有关主管机关提出处理、处罚意见。审计机关应当自收到审计报告之日起三十日内，将审计意见书和审计决定送达被审计单位和有关单位。审计决定自送达之日起生效。被审计单位对地方审计机关做出的审计决定不服的，可申请复议。

拓展资料

审计业务合同范本

委托方：__________（以下简称甲方）

受托方：__________（以下简称乙方）

依据《中华人民共和国合同法》《中华人民共和国注册会计师法》《中国注册会计师独立审计准则》等规定，经双方协商一致，签订本合同，以资共同遵守。

第一条　委托目的和内容

甲方委托乙方：__________。

第二条　会计责任与审计责任

1．甲方承担会计责任（管理当局的责任），即建立健全内部控制制度，保护资产的安全，并保证其提供的全部资料的真实性、完整性和合法性；

2．乙方承担审计责任，即依据《中国注册会计师独立审计准则》的规定，对所出具的审计报告承担责任。

第三条　甲方义务

1．按约定时间提供审计业务所需的全部资料，包括财务会计资料及其他相关资料；

2．协助乙方查看业务现场，并提供其他必要的协助；

3．按约定条件及时足额支付审计费用，不以足额支付审计费用为条件影响报告意见；

4．按委托目的正确使用审计报告，不误导使用人。

第四条　乙方义务

1．严格依据有关法律法规和《中国注册会计师独立审计准则》执行业务；

2．应于__________前出具审计报告；

3．对在业务执行过程中获悉的商业秘密保密。

第五条　审计收费

1．根据北京市物价局最新规定和委托项目的工作量、难易及风险程度确定审计费用。

2．经协商，双方确定的本项目的审计费用及付款时间如下。审计费用：__________；付款时间：签订合同之日支付审计费用总额的__________%，即大写__________元，交付审计报告时支付剩余的审计费用，即大写__________元。

3．因业务需要由乙方垫付的费用，如差旅费等，由甲方另行全额支付，不计入上述费用。

第六条　违约责任

1．由于甲方变更计划，或未及时提供审计所需全部资料（或工作条件）而造成乙方返工、窝工或修改报告，乙方可合理延期出具审计报告或拒绝出具审计报告，甲方应根据乙方实际消耗的工作量另行支付相应费用；

2．如果因甲方原因导致本项目中途停止，乙方所收费用就不再退还甲方；

3．除因甲方原因外，若乙方未在合同规定期限内提交审计报告，甲方可以拒绝支付服务费用；

4．如果合同任何一方违反上述条款，都应负责赔偿由此而给对方造成的合理损失。

第七条　争议的解决方式

本合同执行过程中如果发生争议，双方应及时友好协商解决。经协商不能达成一致时，合同任何一方可向仲裁机构申请仲裁，或直接向人民法院提起诉讼。

第八条　附则

本合同自双方法人代表或其授权代表签字签章之日起生效，一式两份，双方各执一份，具有同等法律效力。

甲方（盖章）：__________	乙方（盖章）：__________
代表（签字）：__________	代表（签字）：__________
__________年____月____日	__________年____月____日
签约地点：__________	签约地点：__________

审 计 报 告

××有限公司董事会：

我们接受委托，审计贵公司20××年12月31日的资产负债表及该年度的损益表、现金流量表。这些会计报表的真实性由贵公司负责，我们的责任是对这些会计报表发表审计意见。我们的审计是依据《中国注册会计师独立审计准则》进行的。

自20××年1月后，股市大幅度下跌，贵公司所持短期投资股票，如果在3月10日转账，将导致570万元投资损失，这事项我们已在审计过程中提请贵公司予以关注。

我们认为，上述会计报表符合《企业会计准则》和《会计制度》的规定，在所有重大方面公允地反映了贵公司20××年12月31日的财务状况和该年度经营成果以及现金流量的情况，会计处理方法的选用遵循了一贯性原则。

会计师事务所：（公章）

中国注册会计师：（签名盖章）（地址）　　　　年　　月　　日

第三章　银 行 环 节

任务一　企业银行开户

一、任务描述

企业经工商注册登记后将验资账户变更为企业基本账户，其中，企业基本账户是指办理转账结算和现金收付的主办账户。企业经营活动的日常资金收付以及工资、奖金和现金的支取均可通过该账户办理。存款人只能在银行开立一个基本存款账户。开立基本存款账户是开立其他银行结算账户的前提。按人民币银行结算账户管理办法规定，一家单位只能在一家银行申请开立一个基本存款账户。

二、情境导入

银行作为最基本的金融中介，在企业的投资和融资及结算过程中发挥着不可替代的作用。企业作为一个经济实体，作为资金的需求者或者是盈余单位也不可避免地要和银行打交道。如果企业有着良好的声誉和信用记录，就能够以较低的成本筹集大量的资金。所以，企业应该清楚银行开户的相关程序。

三、操作流程（表 3-1-1 和图 3-1-1）

表 3-1-1　企业银行开户业务的步骤说明

序号	角色	操作步骤	操作内容
1	行政助理（制造企业） 行政主管（销售企业）	携带资料到银行办理开户	带企业营业执照正副本、组织机构代码证正本、税务登记证、法人身份证、经办人身份证办理
2	银行柜员	查询企业账户信息	将验资账户转为企业基本账户，此时银行柜员只需要在系统里查出原验资账户的信息并手工填写在空白纸上，再交给客户总经理即可
3	行政助理（制造企业） 行政主管（销售企业）	归档	1. 整理开户的相关信息； 2. 归档

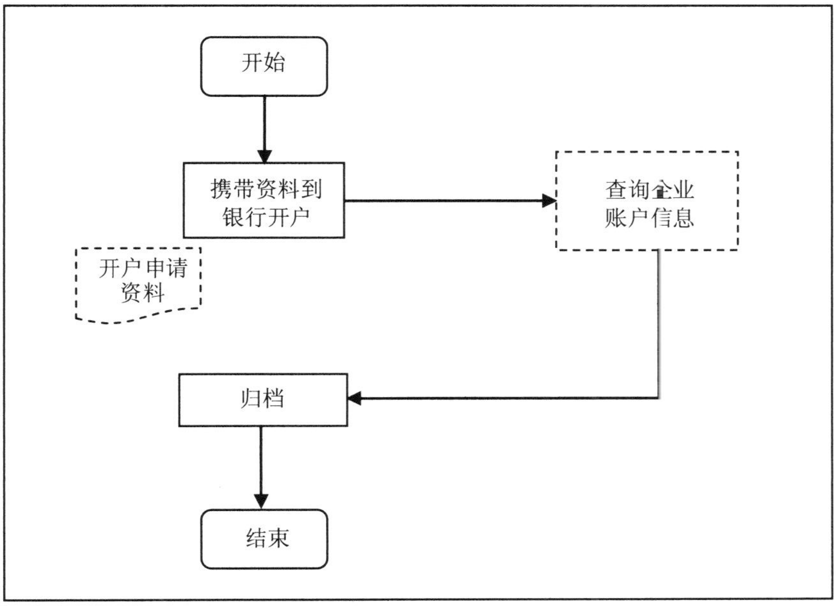

图 3-1-1　企业银行开户的操作流程

任务二　社会保险开户

一、任务描述

应当缴纳社会保险费的单位，按照《社会保险登记管理暂行办法》规定的程序进行登记、领取社会保险登记证。

二、情境导入

社会保险登记是社会保险费征缴的前提和基础，也是整个社会保险制度得以建立的基础。县级以上劳动保障行政部门的社会保险经办机构主管社会保险登记。

三、操作流程（表 3-2-1 和图 3-2-1）

表 3-2-1　社会保险开户业务的步骤说明

序号	角色	操作步骤	操作内容
1	人力资源部经理（制造企业） 行政主管（销售企业）	去办理社会保险开户	带营业执照、法人代表身份证、组织机构代码证原件和复印件去办理社会保险开户
2	社保局专管员	社会保险登记	1．进入社会保险主页面； 2．填写单位社保信息，然后单击“提交社会保险登记表”（表 3-2-2）按钮，提交社保信息（注：此处不颁发社会保险登记证，只提供社会保险登记证号）
3	人力资源部经理（制造企业） 行政主管（销售企业）	归档	将社会保险信息、资料归档

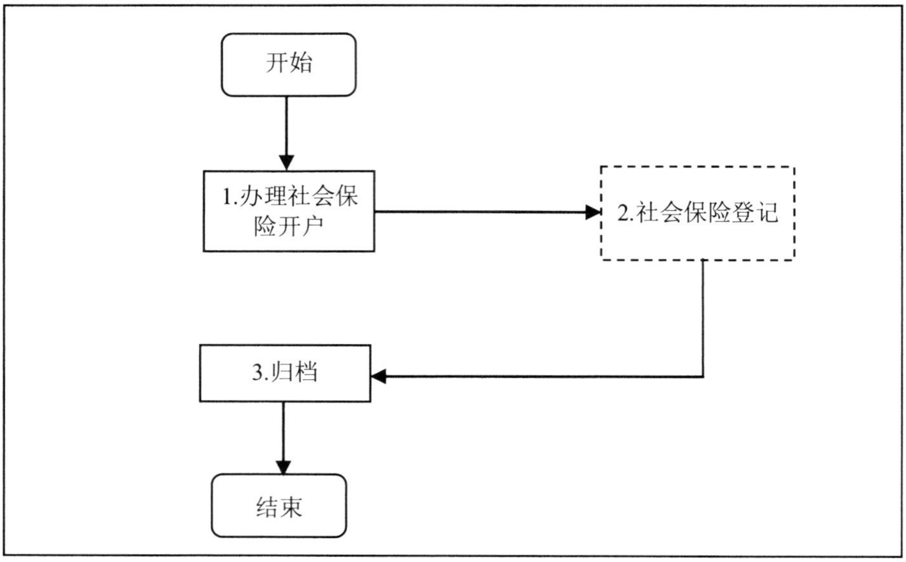

图 3-2-1　社会保险开户的操作流程

表 3-2-2 社会保险登记表

社会保险登记表						
单位名称（章）：				年 月 日		
组织机构代码				社会保险登记证编码		
单位地址					邮政编码	
单位类型	企业（ ） 事业（ ） 社会团体（ ） 民办非企业（ ） 基金会（ ） 律师事务所（ ） 会计师事务所（ ） 个体工商户（ ） 其他（ ）					
开户银行	征收银行					
	拨付银行					
户 名	征收户名					
	拨付户名					
银行基本账号	征收账号					
	拨付账号					
行业代码（社保机构填写）		工伤费率（社保机构填写）			行业风险类型（社保机构填写）	
工商登记信息	执照种类	企业法人营业执照（ ） 营业执照（ ）				
	经济类型	国有（ ） 集体（ ） 外资（ ） 私营（ ） 其他（ ）				
	发照机关			执照号码		
	发照日期			有效期限		
批准成立信息（机关事业及其他）	批准单位			批准文号		
	批准日期			有效期限		
主管部门或总机构						
隶属关系	中央（ ） 省（ ） 计划单列市（ ） 市、地区（ ） 县（ ） 乡镇（ ） 部队（ ） 其他（ ）					
参保单位法人代表或负责人	姓 名			联系电话		
	证件名称			证件号码		
参保单位经办人	姓 名			办公电话		
	所在部门			手 机		
参加险种及日期	养老保险	人数:			参加日期	
	工伤保险	人数:			参加日期	
	失业保险	人数:	农民工人数：		参加日期	
	医疗保险	人数:	退休职工人数：		参加日期	
	生育保险	人数:	退休职工人数：		参加日期	
备 注						
参保单位经办人：		社保业务经办人：			经办机构（章）：	

任务三　住房公积金开户

一、任务描述

企业为员工办理住房公积金开户业务。

二、情境导入

住房公积金是单位及其在职职工缴存的长期住房储金，是住房分配货币化、社会化和法制化的主要形式。住房公积金制度是国家法律规定的重要的住房社会保障制度，具有强制性、互助性、保障性。单位和职工个人必须依法履行缴存住房公积金的义务，这里的单位包括国家机关、国有企业、城镇集体企业、外商投资企业、城镇私营企业及其他城镇企业、事业单位、民办非企业单位社会团体等。

三、操作流程（表 3-3-1 和图 3-3-1）

表 3-3-1　住房公积金开户业务的步骤说明

序号	角色	操作步骤	操作内容
1	人力资源部经理（制造企业） 行政主管（销售企业）	去办理住房公积金开户	1. 填写单位经办人授权委托书并加盖公章； 2. 携带营业执照、法人代表身份证、组织机构代码证原件和复印件、经办人身份证原件及单位公章去办理住房公积金开户
2	住房公积金专管员	住房公积金登记	1. 审核“单位授权委托书”（图 3-3-2），确认经办人身份； 2. 要求经办人填写“住房公积金单位信息登记表”； 3. 核查“住房公积金单位信息登记表”（表 3-3-2）是否填写完整，办理单位信息登记并在单位信息登记表上加盖业务章，为开户单位生成单位登记号（住房公积金单位登记号为 8 位，从 88023000 开始顺序编号）
3	人力资源部经理（制造企业） 行政主管（销售企业）	归档	将住房公积金的信息、资料归档

表 3-3-2 住房公积金单位信息登记表

住房公积金单位信息登记表						
□单位名称						第一联中心留存
□单位性质	（ ）（见表后代码）			□行业分类	（ ）（见表后代码）	
□统一社会信用代码				□邮 编		
□单位地址	区、县（市） 乡（镇）、街道					
□发薪日期	每月（ ）日			□传 真		
□单位负责人	姓名			联系电话		
	证件类型	□身份证 □其他：		证件号码		
单位代理人信息						
增加或变更单位代理人信息						
单位代理人姓名		证件类型	□身份证 □其他:	证件号码		
固定电话		移动电话		电子邮箱		
订阅短信	□是 □否		开通网厅	□是 □否		
减少单位代理人						
单位代理人姓名		证件号码				
缴存方式变更						
资金性质（请打“√”选取其中一种）		□一般住房公积金	□住房公积金补贴	□一次性住房补贴		
缴存方式	□托收（请填写以下内容）			□送缴		
账户名称						
开户银行						
银行账号						
以上填报内容及所提供的登记资料真实、有效，并授权代理人办理本单位住房公积金业务						
单位代理人（签章）： 单位负责人（签章）：	单位公章： 年 月 日					

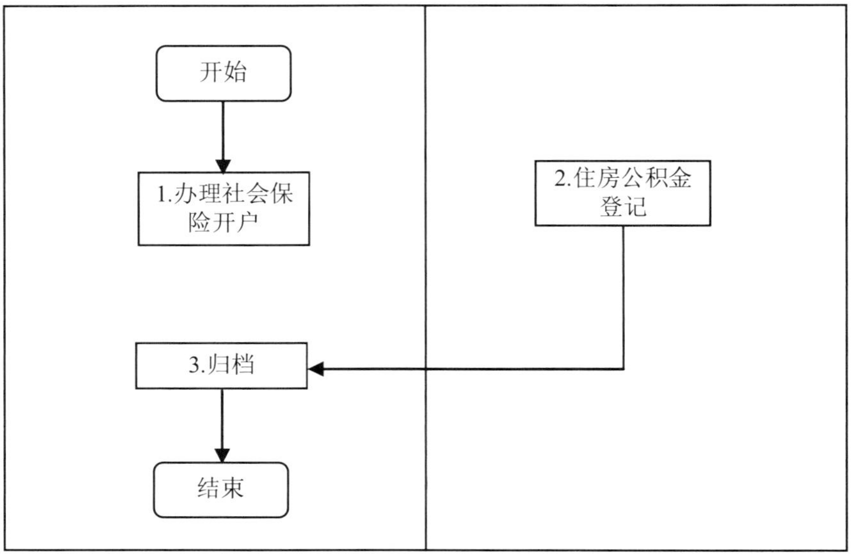

图 3-3-1　住房公积金开户的操作流程

单位授权委托书

我单位________有限公司授权________同志（身份证号码________________）为住房公积金业务经办人员，全权办理我单位及我单位所属员工的住房公积金相关业务。

附：

经办人员电话：________________

单位公章：

经办人签字：

图 3-3-2　单位授权委托书

任务四　签订代发工资协议书

一、任务描述

企业与银行签订代发工资协议书。

二、情境导入

代发工资协议书是委托单位与开户行就代发工资相关事宜签订的委托代理协议。在实际工作中，大部分企业会与银行签订代发工资协议书，委托银行代发工资。

三、操作流程（表 3-4-1 和图 3-4-1）

表 3-4-1　签订代发工资协议书业务的步骤说明

序号	角色	操作步骤	操作内容
1	人力资源部经理（制造企业） 行政主管（销售企业）	去签订代发工资协议书	1．整理资料，准备签订代发工资协议书； 2．去银行签订协议
2	银行柜员	签订代发工资协议书	1．将银行代发工资协议书交给客户，要求其填写信息、签字并盖章（银行代发工资协议一式两份）； 2．核对项目是否填写完整，在代发工资协议书上签字盖章； 3．将其中的一份交给客户，另一份自己保管
3	人力资源部经理（制造企业） 行政主管（销售企业）	协议书归档	收到银行签字盖章的代发工资协议弓，归档

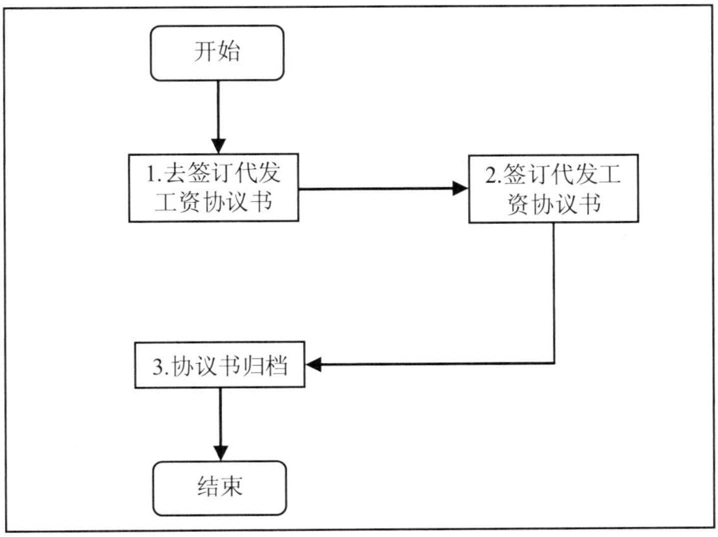

图 3-4-1　签订代发工资协议书的操作流程

拓展资料

代发工资业务协议书

甲方：________________________________（以下简称“甲方”）

乙方：______________银行______________支行（以下简称“乙方”）

为充分发挥现代化结算手段的优势，甲乙双方本着平等互利、友好协作、服务社会的原则，就甲方委托乙方代发员工工资有关事项达成以下协议。

一、声明及保证

（一）甲方声明并保证：甲方委托乙方代发的工资款项符合国家相关法律法规的规定，乙方须按照甲方提供的代发工资明细清单进行代发。

（二）乙方声明并保证：乙方在与甲方签订的代发工资协议书的业务范围内，利用自身的计算机网络及网点的优势按照甲方提供的代发工资明细清单为甲方提供优质的代发工资服务。

二、甲方的权利和义务

（一）甲方及甲方员工自愿选择乙方为代发工资开户银行，甲方委托乙方为甲方员工开设用于代发工资业务的个人活期结算账户时，应出示单位负责人、授权经办人及甲方开户员工的有效身份证件方可办理，同时甲方还应向乙方提供加盖甲方公章或财务专用章的甲方员工开户资料明细清单（经甲方员工签字确认的纸质明细清单）以及乙方要求格式的电子明细清单（磁介质明细清单），甲方员工开户资料明细清单至少包含甲方员工的有效身份证中记载的姓名、身份证件类型、证件号码三项内容。如果甲方或乙方对甲方员工资料明细清单的其他内容另有规定，则由甲乙双方协商解决。甲方对其员工资料明细清单纸质文件及电子明细文件内容的一致性和正确性负责，并对开户资料的真实性、有效性、合法性负责。

（二）甲方委托乙方以银行卡的方式为甲方员工开立活期账户。甲方员工活期账户的密码由乙方系统统一设定，甲方同时应事前告知员工银行卡的年费标准按乙方中间业务收费标准执行。

（三）甲方每月应在委托代发工资发放日的前__________（大写）天内（节假日顺延）将代发资金划转到甲方在乙方开立的批量代付资金账户内。

（四）甲方每月应在委托代发工资发放日的前__________（大写）天内（节假日顺延）向乙方提供加盖有甲方公章或财务专用章的代发明细清单纸质文件及电子明细文件(具体内容和格式由乙方确认）。

（五）为保证安全，储存代发工资数据的磁盘和有关资料必须由甲方的专人与乙方经办网点进行交接，并办妥交接登记手续。

（六）甲方负责接受自己员工代发工资金额的查询及解释：甲方员工的开户信息资料、代发工资账户账号等与乙方代发工资有关的信息资料发生变更时，甲方负责及时通知乙方。

（七）甲方未按本条第三、四款的约定及时划转代发资金或向乙方提供的代发工资数据不准确，导致乙方无法按时、准确办理代发业务，由此产生的后果由甲方自行承担。

（八）乙方系统不负责检验甲方提供的员工编号、户名、员工代发工资账号的一致性，入账时以甲方提供的员工编号或员工代发工资账号为准,因甲方提供的纸质代发明细清单与电子明细清单中员工编号、户名、员工代发工资账号不一致而引起的争议，由甲方负责向员工解释并解决，由此产生的责任由甲方自行承担。

（九）甲方应在乙方代发业务完成后3个工作日内，核对乙方提供的代发成功明细清单及代发失败的明细清单。由于甲方不及时核对代发成功、失败明细清单所导致的后果由甲方自担。代发成功明细清单及代发失败明细清单的传递，由甲方（或乙方）专人到乙方（或甲方）办公地点进行交接并登记。

（十）甲方应按本协议中代理手续费条款中的有关规定及时向乙方支付代理业务手续费。

三、乙方的权利和义务

（一）乙方依据甲方提供的甲方员工活期账户开户资料，为甲方员工开立银行卡活期账户，及时将甲方员工开户资料及开好的银行卡等资料交付甲方，并登记交接。乙方负责向甲方员工告知账户初始密码，并明确告知在使用本账户前应首先到乙方任意一营业网点或通过乙方自助设备更改账户密码，否则由此给甲方代发工资员工造成的损失乙方不承担任何责任，同时向甲方员工告知乙方关于个人结算账户的相关规定适用于本账户。

（二）乙方在接到由甲方提供的代发明细清单及电子明细清单，并确认代发资金已转入甲方在乙方指定的代发资金结算账户后，乙方在3个工作日（节假日顺延）内将代发资金全部转入甲方员工的活期账户。

（三）由于计算机程序故障、网络故障或其他不可抗力导致乙方不能履行或不能按期履行批量代发甲方员工工资业务时，乙方不承担由此产生的责任。

（四）由于甲方员工活期账户挂失、冻结、销户等原因导致乙方代发业务不成功的，乙方不承担由此产生的责任。

（五）乙方在办理批量代发业务后的3个工作日内，应向甲方提供批量代发业务成功的明细清单及代发失败的明细清单，并与甲方进行核对。

（六）乙方在批量代发业务过程中，如果因计算机程序故障或操作人员失误，导致代发资金错误，由乙方负责承担相关责任。

四、资金结算

（一）甲方在乙方开立的批量代付资金账户作为代发工资结算账户。

甲方不可撤销的授权，乙方根据本协议第三条第二款的约定从上述账户中支付代发款项，此授权不再另行签发授权书。

批量代付账户名称：

批量代付账号：

批量代付账户开户机构：

（二）乙方在代理甲方代发工资业务时，从甲方指定结算账户中划转相应的款项用于代发，乙方不得为甲方垫付资金。

结算账户名称：

结算账号：

结算账户开户机构：

五、代理业务手续费

（一）代理业务手续费以人民币为结算币种。

（二）甲方按照每笔_____元向乙方支付代发工资业务手续费。

（三）代发工资业务手续费由甲方于乙方办理代发业务后_____个工作日内以_____（现金或转账）形式支付给乙方。

（四）因甲方员工代发工资账号挂失、冻结、销户等原因造成代发不成功时，乙方不退回相应的代发业务手续费。

六、违约责任

（一）甲方不按照约定支付手续费，乙方有权解除本协议，并要求甲方按照所欠款项的20%支付违约金。

（二）因乙方过错（本协议约定的除外）造成未在约定时间内完成发放工作，甲方有权要求乙方承担当期手续费的20%作为违约金。

（三）乙方擅自将资金挪作他用，甲方有权解除协议，并要求乙方将挪用资金如数返还。

七、协议的变更、解除终止

（一）双方在协议期满前要求变更、解除本协议的，应提前一个月书面通知对方，且需对方书面同意。

（二）甲乙双方在签订本协议后，如果本协议根据的法律法规、上级管理部门的有关规定发生变更，则甲乙双方应根据变更后的规定另行协商，达成补充协议。

（三）如果遇下列情况之一，则甲方或乙方有权单方解除本协议，本协议自解除日起终止。

1．甲方未按照本协议中的约定支付乙方代理业务手续费，并在接到乙方通知起5日内未支付代理业务手续费的，乙方有权单方面解除本协议，同时甲方仍应支付乙方代理业务手续费及违约金。

2．在本协议依据的法律法规、上级管理部门的有关规定发生变更后，一方接到对方要求变更协议相关内容的书面通知后一个月内不予回复的甲乙双方均有权单方面解除本协议。

3．甲、乙方任意一方违反国家法律、法规给对方造成损失或不良影响的，甲乙双方均有权单方面解除本协议。

八、本协议自甲乙双方签字、盖章之日起生效，有效期__________（大写）年，自_____年_____月_____日到_____年_____月_____日。协议到期，双方如无异议，本协议自动顺延，如协商不成，经甲乙双方同意可解除本协议。

九、协议未尽事宜，由双方协商解决，解决不成，可提请××仲裁委员会解决。

十、本协议一式两份，甲乙双方各执一份，每份协议及补充协议具有同样法律效力。

甲方（公章）：　　　　　　　　乙方（公章）：

法定代表人（或授权代理人）签字：　　　　负责人（或授权代理人）签字：

年　月　日　　　　　　　　年　月　日

任务五 存款支取业务

一、任务描述

银行为企业提供存款支取服务。

二、情境导入

企业在进行日常经营过程中，需要银行提供便捷的服务。

三、操作内容

（1）凭存款证实书、单位定期存款支取凭条、预留印鉴办理支取手续，银行经过核实无误后，按约定的支取方式办理。

（2）在约定存期内，可以全部或部分提前支取，但只能提前支取一次。部分提前支取后，留存金额如果不低于起存金额，则对留存部分按原存款证实书存入日、约定的存期、利率，开立新的存款证实书，并注明“部分支取留存”字样，加盖银行业务公章。不足起存金额的予以清户。

（3）支取存款时，银行应出具单位定期存款利息清单并加盖业务公章。利息清单须注明账号、户名、货币种类、存单金额、转存日、存期、适用利率等。

（4）外币单位定期存款，大额转账支付金额单笔在1000万元以上（含1000万元）须网点支行行长级（含网点支行行长）以上审批，最低单笔支付审批金额各行可根据各地实际情况调整。

（5）逾期支取，超过原定存期（如果已办理约定自动转存业务，则为存满新存期）的部分，按支取日挂牌公告的活期存款利率计息，计息期内如果遇利率调整，则不分段计息。

任务六　定期理财规划

一、任务描述

银行为企业办理定期理财规划业务。

二、情境导入

为提高企业闲置资金利用率，促进企业长远发展，企业需向银行办理定期理财规划业务。

三、操作内容

银行办理单位定期存款需提交的资料以下资料。

（1）已在银行开立活期存款账户的单位客户，须提交：活期存款账号，法人代表或负责人有效身份证件，法人代表或负责人委托书（授权书），填写“中国银行股份有限公司单位存款凭条”，预留印鉴[包括单位财务专用章、单位法定代表人章（或主要负责人印章）和财会人员章]等。表 3-6-1 是中国工商银行的法人理财业务申请书。

（2）未在银行开立单位活期存款账户的，还应提交“人民币银行结算账户管理办法”及“境内外汇账户管理规定”所需的开户资料。

（3）控股股东或者实际控制人（如有）的有效身份证件。

之后凭单位存款存入凭条办理有关存入手续，并预留印鉴，中国银行会开具记名式“单位定期存款开户证实书”（“存款证实书”），加盖银行业务公章。

表 3-6-1　法人理财业务申请书

<table>
<tr><td colspan="9">ICBC　　　　中国工商银行　　　　法人理财业务申请书</td></tr>
<tr><td>银行打印</td><td colspan="8">特别提示：
工商银行提醒贵公司在填表申请办理公司理财业务前详细阅读相关理财产品说明书，理财产品说明书及风险提示书为本申请表不可分割的一部分。凡填写并签署本交易申请表的客户，视为自动认可相关理财产品说明书和风险提示书的内容，并愿意受其约束。我行将以“工商银行公司理财计划交易申请确认表”对贵公司的相关交易申请进行确认</td></tr>
<tr><td rowspan="9">客户填写</td><td>申请人名称</td><td colspan="3"></td><td colspan="2">资金账户卡号</td><td colspan="2"></td></tr>
<tr><td rowspan="2">交易业务</td><td colspan="2">购买/赎回/撤单</td><td colspan="2"></td><td>产品代码</td><td colspan="2"></td></tr>
<tr><td>属性设置</td><td colspan="6">分红方式；　现金分红 √</td></tr>
<tr><td>交易币种</td><td></td><td>钞汇标志</td><td colspan="5">现汇 √</td></tr>
<tr><td>交易
金额/份额</td><td>（大写）</td><td colspan="4"></td><td>（小写）</td><td></td></tr>
<tr><td colspan="8">声明：本单位已阅读理财协议条款及相应产品说明书与风险提示，充分了解并清楚知晓本产品风险，并愿意承担相关风险。本单位保证填写的信息资料的正确性，并确认银行打印记录正确无误</td></tr>
<tr><td colspan="7">申请人签章：</td><td></td></tr>
<tr><td colspan="7">日　期：</td><td></td></tr>
</table>

任务七 贷款业务

一、任务描述

银行为有资金需求的企业办理贷款业务。

二、情境导入

相对于其他的融资工具，银行贷款是成本最低的一种，银行贷款的利率要根据具体的情况而定，一般来说利率高于小企业贷款优惠利率；信用等级低的企业贷款利率可能高于信用等级高的企业贷款利率；中长期贷款利率高于短期借款利率等。综合起来，银行贷款利率仍是具有比较优势的。由于银行实力雄厚，资金充足，资金来源也比较稳定，企业的借款申请，只要通过了银行的审查，与银行签订了贷款合同，并且满足了贷款的发放条件，银行一般能及时向企业提供资金，满足企业的融资需求。

三、操作内容

（1）企业准备相关的资料，向银行提交贷款申请；

（2）银行收到贷款申请以后，对于提交的资料进行审核，同时还会审核企业的还款能力、履约情况、经验效益等；

（3）审核通过以后，银行会通知企业签订借款合同。借款本金、利率、期限、还款方式等，都会在贷款合同里约定好。

拓展资料

贷款申请书

我公司于____年____月____日注册成立，注册资本____万元，股东为____人，其中出资____万元，占比____%，出资________万元，占比____%。公司经营场所位于________，属于有限责任公司（自然人投资或控股），主要经营：家具、装饰装修材料、水泥、建材（木材除外）、电器、钢材、矿山机电设备、汽车（品牌车除外）及配件和机械设备。

现我公司分别与____及____签订了《钢材采购合同》和《钢材销售合同》，计划采购一批总价____万元的钢材，并销售给____，预计可实现利润____万元以上。现我公司仅能自筹部分资金，为此特向贵行申请借款人民币____整（￥____元），期限____年。公司如果能在贵行的大力支持下顺利履行合同，不仅可为公司扩大经营规模，还可为公司取得更加良好的经营业绩，奠定坚实的基础。

借款担保：____________。还款来源：将用我公司的经营销售收入及利润作为还款来源，我公司预计年利润在____万元以上。

郑重承诺：我公司将按贵行的要求用好借款，确保贵行的贷款资金安全，严格按照借款期限和要求用经营收入和利润归还贵行贷款及利息，以实现银企共赢。

借款申请人：________

________年____月____日

第二篇　虚拟商业环境实训

第四章　生 产 环 节

任务一　制造企业——读懂期初数据

一、任务描述

各岗位人员熟悉公司组织结构，明确自己的岗位职责，研读期初数据。

二、情景导入

本实训模拟经营的制造公司是一家中小型智能平衡车生产公司，公司运行良好，技术水平不断提高，产品的技术含量也在逐步提高，在同行业中具有一定的竞争力。公司目前只开发了本地市场，在本地市场占有较高的市场份额。目前公司财务状况较好，资金比较充足，公司运转正常。期初的各种数据见表 4-1-1～表 4-1-6 所列。相关领导和部门读懂期初数据见表 4-1-7～表 4-1-12 所列。

表 4-1-1　办公用品明细

序号	类别	证章名称	标准用量（1 家企业）
1	证章资质	公章	1
2		合同专用章	1
3		法人印鉴	1
4		财务专用章	1
5		发票专用章	1
6		营业执照正、副本	各 1
7		生产许可证	1
8	办公用品	印泥	1
9		胶棒	1
10		单据	1（套）

表 4-1-2　厂房期初数据

项目	描述	数值	属性（自有/租赁）
厂房分类	A 厂房	1	自有
合计		1	

表 4-1-3　生产设备期初数据

项目	描述	数值	属性（自有/租赁）
设备分类	普通机床	10	自有
	半自动生产线	4	自有
	全自动生产线	0	
	柔性生产线	0	
合计		14	

表 4-1-4　企业期初市场数据情况表

项目	描述	选项值（已开发/未开发/开发中）
市场分类	本地市场	已开发
	国内市场	未开发
	国外市场	未开发

表 4-1-5　客户开发期初数据

项目	本地市场客户	国内市场客户	国际市场客户
开发否	已开发	未开发	未开发

表 4-1-6　智能平衡车物料清单

物料编码	物料名称	规格型号	单位	用量	备注
	智能平衡车				
	碳钢车架		个	1	自产半成品
	双轴承	ABEC-7	个	2	外购原材料
	EVA 发泡车轮	EVA	个	2	外购原材料
	座椅调节器		个	1	外购原材料
	软鞍座		个	1	外购原材料
	包装套件		套	1	外购原材料

表 4-1-7　总经理读懂期初数据

序号	操作步骤	角色	操作内容
1	了解公司组织机构和岗位设置	总经理	认知
2	阅读企业年度经营规划书	总经理	解读规划书并向各部门主管明确本阶段的工作任务

表 4-1-8　行政助理读懂期初数据

序号	操作步骤	角色	操作内容
1	掌握企业固定资产现状	行政助理	阅读固定资产卡片及固定资产登记簿，明确企业现有固定资产类型、数量、金额
2	登记固定资产卡片	行政助理	结合固定资产登记簿，对新购买的固定资产进行登记

表 4-1-9 市场销售部读懂期初数据

序号	操作步骤	角色	操作内容
1	明确销售目标	市场销售部经理	解读销售预测指标数据
2	研讨营销策略	市场销售部经理 市场部经理 销售部经理	依据市场预测资料确定未来广告费的投放策略
3	管理日常销售业务	市场销售部经理	根据销售发货明细表、库存报表、车间产能报表完成
4	客户关系管理	市场销售部经理 市场部经理 销售部经理	根据客户信息汇总表完成
5	应收账款的管理	销售部经理	了解销售发货明细表
6	跟踪销售订单的执行	销售部经理	根据销售发货明细表完成
7	进行市场趋势分析	市场部经理	根据市场预测表和预测图进行分析
8	配合进行营销策划	市场部经理	结合市场趋势分析完成

表 4-1-10 生产计划部读懂期初数据

序号	操作步骤	角色	操作内容
1	领取、分发实训资料	生产计划部经理 车间主任	对照生产计划部常用单据一览表，核实手中单据是否齐全并分发
2	审核生产计划、明确产能	生产计划部经理	结合销售预测、库存清单，根据产能制订生产计划，审核派工单
3	读懂派工单并填制	车间主任	填制派工单
4	登记生产执行情况表	车间主任	依据派工单登记生产执行情况表

表 4-1-11 仓储部读懂期初数据

序号	操作步骤	角色	操作内容
1	登记库存台账	仓储部经理	依据期初库存情况登记库存台账
2	读懂物料清单表及结构图	仓储部经理	掌握产品材料构成情况
3	取得采购订单	仓储部经理	从采购部取得采购订单，掌握未来到货情况
4	登记物料卡	仓储部经理	依据期初数据登记物料卡

表 4-1-12 采购部读懂期初数据

序号	操作步骤	角色	操作内容
1	读懂期初采购订单	采购部经理	根据采购订单，注意订单时间、材料入库时间、付款时间； 掌握本月需支付多少钱给供应商
2	读懂产能计划表	采购部经理	理解产能计划对采购计划的重要作用
3	掌握供应商情况	采购部经理	掌握供应商详细信息，编制供应商信息汇总表
4	起草采购制度	采购部经理	从签订采购合同，下达采购订单，采购材料入库，采购款项支付，采购相关单证的登记及传递等方面进行制订
5	填写采购合同执行情况表	采购部经理	根据采购订单填制采购合同执行情况表
6	传递采购订单，确定采购金额	采购部经理	采购订单按照四联进行相关部门传递，并依据采购制度确定当月需支付的采购款

任务二 制造企业——供应商购销业务

一、任务描述

日常采购业务是采购人员根据确定的供应协议和条款，以及企业的物料需求时间计划，以采购订单的形式向供应方发出需求信息，并安排和跟踪整个物流过程，确保物料按时到达企业，以支持企业的正常运营的过程。

二、情景导入

该公司是一家中小型智能平衡车生产公司，依据生产需求，需采购碳钢车架等原材料。企业经购销双方谈判协商一致，签订“供需关系”采购合同，合同双方都应遵守和履行。采购部依据采购合同录入采购订单，并下达至供应商执行，在执行的过程中要注意对订单进行跟踪，以使企业能从采购环境中购买到企业所需的商品，为生产部门和需求部门输送合格的原材料和配件。签订采购合同的操作步骤见表 4-2-1 所列。

表 4-2-1 签订采购合同的操作步骤

序号	操作步骤	角色	操作内容
1	确定采购合同样本	采购部经理	1. 确定采购合同的结构； 2. 确定采购合同需要强化的条款：数量、价格、品质、支付、检验、包装、装运、保险等条款； 3. 接收送来的采购合同条款，审核采购合同的合理性； 4. 形成采购合同样本（本任务拓展资料）
2	采购洽谈	采购部经理 供应商	根据采购计划选择合适的供应商，沟通采购细节内容
3	起草采购合同	采购部经理	起草采购合同，一式两份
4	填写合同会签	采购部经理	核实合同内容填写的准确性和合理性，填写合同会签单（图 4-2-1）
5	审核采购合同	财务部经理	1. 财务部经理接收到采购合同及合同会签单； 2. 财务部经理审核采购合同的准确性和合理性； 3. 财务部经理在合同会签单上签字确认
6	审批采购合同	总经理	1. 总经理接收采购合同及合同会签单，并审核采购部经理和财务部经理是否审核签字； 2. 总经理审核采购合同的准确性和合理性； 3. 总经理在采购合同及合同会签单上签字； 4. 总经理签完后交给采购经理
7	合同盖章	行政助理	1. 采购部经理把采购合同及合同会签单交给行政助理； 2. 行政助理检查合同会签单是否签字； 3. 确认无误后，给合同盖章； 4. 登记合同管理表（图 4-2-2），留存备案

（续表）

序号	操作步骤	角色	操作内容
8	登记采购合同	采购部经理	1．将与供应商签订好的采购合同归档和登记； 2．回传给供应商，对方确认无误后，对方签字盖章； 3．通知供应商发货； 4．供应商按合同约定填写发货单（图 4-2-3），并发出货物
9	核对发货单、发票及实务	采购经理	1．采购部接收供应商发来的材料，附有发货单、发票和实务； 2．根据采购订单核对发货单和发票及实务； 3．协助仓储部进行原料验收
10	物料验收	仓储部经理	1．根据发货单和检验标准进行质量、数量、包装检测； 2．根据检验结果填写物料检验单（图 4-2-4），并签字确认； 3．检验无误，在发货单上签字
11	填写采购入库单	仓储部经理	1．根据物料检验单填写入库单（一式三联）（图 4-2-5）； 2．将采购入库单自留一份，另外两联交采购部和财务部
12	登记采购合同执行情况表	采购部经理	1．采购部经理接收到仓储部送来的采购入库单； 2．登记采购合同执行情况表（表 4-2-2）； 3．采购员将发票（发票联和抵扣联）和对应的采购入库单财务联送交财务部
13	处理采购到货，填写物料卡	仓储部经理	1．仓储部将货物摆放到货位，根据入库单数量填写物料卡； 2．根据入库单登记库存台账
14	填写记账凭证	出纳	1．接收采购部交来的发票和入库单，填制记账凭证（图 4-2-6）； 2．送财务部经理审核
15	审核记账凭证	财务经理	对记账凭证进行审核
16	填写付款单	采购经理	1．填写付款单（把对应的采购订单的单号和入库单的单号写上）（图 4-2-7）； 2．将付款单交由出纳、财务经理审核，审批无误后签字
17	支付货款	出纳	根据付款单，支付货款（网上银行/支票）（图 1-3-1）
18	填写记账凭证	出纳	根据付款单，编制记账凭证（表 4-2-3）
19	审核记账凭证	财务经理	审核记账凭证的准确性，审核无误后签字
20	代理记账	财务经理 会计师事务所	每月将相关数据提供给承接我司业务的会计师事务所，由该会计师事务所为我司出具相关报表等财务信息

单据编号：　　　会签日期：　　年　　月　　日

<table>
<tr><td rowspan="2">送签部门</td><td rowspan="2"></td><td rowspan="2">签约人：</td><td rowspan="2">承办人：</td><td>电话：</td></tr>
<tr><td>E-mail：</td></tr>
<tr><td>合同名称</td><td colspan="2"></td><td>对方单位</td><td></td></tr>
<tr><td>合同主要内　容</td><td colspan="2"></td><td>合同金额（大写）</td><td></td></tr>
<tr><td>业务部门审批意见</td><td colspan="4">部门经理：　　　　日期：</td></tr>
<tr><td>财务部审批意见</td><td colspan="4">财务经理：　　　　日期：</td></tr>
<tr><td>总经理审批意见</td><td colspan="4">总经理：
（付款金额 1 万以上的由总经理审批）　　　　日期：</td></tr>
<tr><td>争议解决</td><td colspan="4"></td></tr>
<tr><td>归档情况</td><td colspan="4"></td></tr>
</table>

图 4-2-1　合同会签单

合　同　管　理　表

合同类别：______________

合同/协议编号	合作单位	签约日期	截止日期	合同/协议主要内容	金额	份数/联次

图 4-2-2　合同管理表

发 货 单

单据编号：　　日　　期：　　交货日期：
销售订单号：　　客户名称：　　仓　　库：
业 务 员：　　运输方式：　　联 系 人：

产品名称	产品型号	发货数量	备　注
合　计			

营销部经理：　　账务部经理：　　客户确认：

第一联：营销部留存

发 货 单

单据编号：　　日　　期：　　交货日期：
销售订单号：　　客户名称：　　仓　　库：
业 务 员：　　运输方式：　　联 系 人：

产品名称	产品型号	发货数量	备　注
合　计			

营销部经理：　　账务部经理：　　客户确认：

第二联：仓储部留存

发 货 单

单据编号：　　日　　期：　　交货日期：
销售订单号：　　客户名称：　　仓　　库：
业 务 员：　　运输方式：　　联 系 人：

产品名称	产品型号	发货数量	备　注
合　计			

营销部经理：　　账务部经理：　　客户确认：

第三联：财务部留存

图 4-2-3　发货单

发 货 单

单据编号：　　日　期：　　交货日期：
销售订单号：　　客户名称：　　仓　库：
业 务 员：　　运输方式：　　联 系 人：

产品名称	产品型号	发货数量	备　注
合　计			

第四联：客户留存

营销部经理：　　账务部经理：　　客户确认：

图 4-2-3　发货单（续）

物料检验单

编号：　　检验日期：　　年　　月　　日

供应商名称			
检验依据		到货日期	
物料明细			
物料名称	规格型号	数量	
检验方式：　抽检□　全数检验□		合 格 率	
检验结果：　合格□　不 合 格□		检验结果	

不良记录			
序号	数量	不 良 原 因	备 注

主管：　　质检员：

图 4-2-4　物料检验单

原材料入库单

制单日期： 仓库：
供应商名称： 类型：
单据编号： 采购订单号：

序号	品 名	规格型号	单 位	入库时间	数 量	备 注
1						
2						
3						
4						
5						
合计						

第一联：仓储部存根

仓储部经理： 仓管员：

原材料入库单

制单日期： 仓库：
供应商名称： 类型：
单据编号： 采购订单号：

序号	品 名	规格型号	单 位	入库时间	数 量	备 注
1						
2						
3						
4						
5						
合计						

第二联：采购部

仓储部经理： 仓管员：

原材料入库单

制单日期： 仓库：
供应商名称： 类型：
单据编号： 采购订单号：

序号	品 名	规格型号	单 位	入库时间	数 量	备 注
1						
2						
3						
4						
5						
合计						

第三联：财务部

仓储部经理： 仓管员：

图 4-2-5 入库单

表 4-2-2 采购合同执行情况表

制表部门： 编制日期： 年 月 日

合同编号	合同总数	订单编号	供应商名称	物料编码	物料名称	计量单位	订货日期	订货数量	单价	总金额	计划交期	计划付款	已到数量	入库数量	不合格数量	到货日期	应付金额	已付金额	实际付款	开票情况	开票时间	备注

采购部门经理： 采购员：

总 第 号

对方科目： 年 月 日 字 第 号

<table>
<tr><td rowspan="2">摘要</td><td rowspan="2">总账科目</td><td rowspan="2">明细账科目</td><td rowspan="2">✓</td><td colspan="10">借方金额</td><td colspan="10">贷方金额</td></tr>
<tr><td>千</td><td>百</td><td>十</td><td>万</td><td>千</td><td>百</td><td>十</td><td>元</td><td>角</td><td>分</td><td>千</td><td>百</td><td>十</td><td>万</td><td>千</td><td>百</td><td>十</td><td>元</td><td>角</td><td>分</td></tr>
<tr><td></td><td></td><td></td><td></td><td></td><td></td><td></td><td></td><td></td><td></td><td></td><td></td><td></td><td></td><td></td><td></td><td></td><td></td><td></td><td></td><td></td><td></td><td></td><td></td></tr>
<tr><td></td><td></td><td></td><td></td><td></td><td></td><td></td><td></td><td></td><td></td><td></td><td></td><td></td><td></td><td></td><td></td><td></td><td></td><td></td><td></td><td></td><td></td><td></td><td></td></tr>
<tr><td></td><td></td><td></td><td></td><td></td><td></td><td></td><td></td><td></td><td></td><td></td><td></td><td></td><td></td><td></td><td></td><td></td><td></td><td></td><td></td><td></td><td></td><td></td><td></td></tr>
<tr><td></td><td></td><td></td><td></td><td></td><td></td><td></td><td></td><td></td><td></td><td></td><td></td><td></td><td></td><td></td><td></td><td></td><td></td><td></td><td></td><td></td><td></td><td></td><td></td></tr>
<tr><td></td><td></td><td></td><td></td><td></td><td></td><td></td><td></td><td></td><td></td><td></td><td></td><td></td><td></td><td></td><td></td><td></td><td></td><td></td><td></td><td></td><td></td><td></td><td></td></tr>
<tr><td colspan="3">合 计</td><td></td><td></td><td></td><td></td><td></td><td></td><td></td><td></td><td></td><td></td><td></td><td></td><td></td><td></td><td></td><td></td><td></td><td></td><td></td><td></td><td></td></tr>
</table>

附件 张

会计主管 记账 出纳 审核 制证

图 4-2-6 记账凭证

表 4-2-3　记账凭证 2

存货类别：商品　　　　　　仓位：☐成品仓　☐原材料　☐半成品

物料编号：　　　　　　　　物料名称：　　　　　　　规格：

日期	入库	出库	结余	经手人	备注

付款申请单

申请部门：		**日期：**	
发票编号：			
收款单位：			
单位地址：		**付款方式**	**☐转账**
开户行：			**☐支票**
账号：		**已收发票**	
用途：		**☐是　☐否**	
金额(大写)：		**¥**	
经办人签字：		**日期：**	
财务主管意见：		**日期：**	
总经理意见：		**日期：**	
备注：			

图 4-2-7　付款单

拓展资料

购销合同

合同编号：

购货单位（甲方）：

销货单位（乙方）：

为了保护买卖双方的合法权益，买卖双方根据《中华人民共和国合同法》的有关规定，经友好协商，一致同意签订本合同，共同遵守。

第一条　购销明细：双方就以下产品达成购销合同。

序号	产品名称	规格型号	含税单价	数量	金额（元）	交货日期	付款日期
1							
2							
3							
4							
5							
6							
7							
8							
9							
合计							

合同总金额大写人民币：______________________________

第二条 交货时间与付款时间：______________________________

第三条 交货地点：______________________________

第四条 付款方式：______________________________

第五条 开票要求：______________________________

第六条 付款条件（客户）：______________________________

第七条 发货条件（供应商）：______________________________

第八条 运输方式与运输费用：______________________________

第九条 甲方要求乙方通过以下资质认证（选择对应选项）。

□ 不作要求　　□ ISO 9000　　□ ISO 14000　　□ 3C

第十条 经济责任：

1. 产品品种、质量不符合本合同规定时，甲方拒绝接受，乙方承担相应费用。
2. 乙方未按本合同规定的产品数量交货时，发生延期交货的当期，以该张订单总额的10%作为违约罚款。对于未能按期交货的部分，可以在三个月之内补齐。如果在三个月之内未能全部交货，未能交货部分甲方不再收货。

第十一条 甲、乙任何一方如果要求全部或部分注销合同，则必须提出充分理由。经双方协商，提出注销合同一方须向对方偿付注销合同部分总额10%的补偿金。

第十二条 本合同所订一切条款，甲、乙任何一方不得擅自变更或修改。如果一方单独变更、修改本合同，则对方有权拒绝生产或收货，并要求单独变更、修改合同一方赔偿一切损失。

第十三条 甲、乙任何一方如果确因不可抗力的原因，不能履行本合同时，则应及时向对方通知不能履行或须延期履行或须部分履行合同的理由。在取得有关机构证明后，本合同可以不履行或延期履行或部分履行，并全部或者部分免予承担违约责任。

第十四条 本合同在执行中如果发生争议或纠纷，则甲、乙双方应协商解决，解决不了时，双方可向仲裁机构申请仲裁或向人民法院提起诉讼（两者选一）。

第十五条 本合同自双方签章之日起生效，到乙方将全部订货送齐并经甲方验收无误，且按本合同规定将货款结算以后作废。

第十六条 本合同在执行期间，如果有未尽事宜，由甲乙双方协商，另订附则附于本合同之内，所有附则在法律上均与本合同具有同等效力。

第十七条 本合同一式两份，由甲、乙双方各执正本一份。

甲方：	（盖章）	乙方：	（盖章）
法定代表人：	（盖章）	法定代表人：	（盖章）
委托代理人：	（盖章）	委托代理人：	（盖章）
地址：		地址：	
电话：		电话：	
签订日期：		签订日期：	

任务三 制造企业——客户购销业务

一、任务描述

制造企业——客户购销业务是就智能平衡车购销进行的一系列任务的统称，任务之间具有承上启下的关系，包括制造企业和客户双方线下谈判并签订纸质合同；制造企业生产加工；制造企业按订单发货给客户；制造企业收款等业务。

二、情景导入

制造企业的销售人员，收集客户的需求，并与客户就合同主要条款（品名规格、数量、价格、交货期等）进行磋商。商议后，销售人员按照企业管理制度与客户草拟销售合同，签订程序要求经相关人员审批、盖章。双方签订销售合同，销售人员依据订单要求，联合各部门，共同开展生产加工、发货、结款等业务。

三、操作流程（表 4-3-1）

表 4-3-1 制造企业——客户购销业务的操作步骤

序号	操作步骤	角色	操作内容
1	确定客户并谈判	销售经理	1. 走访客户或以其他方式与客户保持联系，获得潜在客户的采购信息； 2. 与客户进行沟通，落实意向客户； 3. 与意向客户就供货时间、数量、价格、结算条件、运输方式等进行磋商，为签订购销合同做准备
2	拟定购销合同	销售经理	1. 销售经理根据销售计划与客户沟通销售合同细节内容； 2. 起草购销合同，一式两份（本章任务二拓展资料）
3	填写合同会签单	销售经理	1. 填写合同会签单（表 4-3-2）； 2. 将购销合同和合同会签单送交市场营销部经理审核
4	审核购销合同	市场营销部经理	1. 接收销售经理交给的购销合同及合同会签单； 2. 审核购销合同内容填写的准确性和合理性； 3. 在合同会签单上签字确认
5	审批购销合同	总经理	1. 接收销售经理送来的购销合同及合同会签单； 2. 审核市场营销部经理是否审核签字； 3. 审核购销合同内容的准确性和合理性； 4. 在合同会签单上签字； 5. 在购销合同上签字
6	合同盖章	行政助理	1. 销售经理把购销合同和合同会签单交给行政助理盖章； 2. 行政助理检查合同会签单是否签字； 3. 行政助理给合同盖章； 4. 行政助理更新合同管理表-购销合同，留存备案

（续表）

序号	操作步骤	角色	操作内容
7	登记销售订单明细表	销售经理	销售经理根据购销合同内容将销售订单信息登记在销售订单明细表中（图 4-3-1）
8	汇总销售订单	市场营销部经理	市场营销部将订单信息的主要内容登记在“汇总销售订单”（图 4-3-2）中，并将其中一联交给生产部经理，以便生产部安排生产
9	填写派工单	生产计划部经理	1. 根据汇总销售订单，编制主生产计划表（图 4-3-3），编制童车车架派工单（图 4-3-4），编制物料需求计划表（图 4-3-5）； 2. 童车车架派工单一式两份，一份给车间管理员； 3. 另一份童车车架派工单自己留存
10	车间生产派工	车间主任	1. 接收派工单； 2. 安排童车车架生产，安排童车组装生产； 3. 根据生产情况登记生产执行情况表（图 4-3-6）
11	填写车架领料单	车间主任	1. 根据派工单和物料需求计划表填写一式两联领料单（图 4-3-7）； 2. 送生产计划部经理审核
12	审核车架领料单	生产计划部经理	1. 接受领料单； 2. 根据派工单和物料清单审核领料单填写的准确性； 3. 审核无误签字； 4. 车间管理员凭审核完毕的领料单到仓库领料
13	检查车架生产用料	仓储部经理	1. 仓储部接到领料单； 2. 根据库存和物料清单核对物料库存情况； 3. 确认无误后在领料单上签字
14	填写车架材料出库单	仓储部经理	1. 根据领料单填写车架材料出库单（图 4-3-8）； 2. 将领料单附在材料出库单并签字确认
15	办理车架材料出库并更新物料卡	仓储部经理	1. 办理材料出库，车间主任在材料出库单上签字确认； 2. 材料出库单的生产计划部联交给车间管理员； 3. 更新物料卡（表 4-3-3）； 4. 材料出库单的财务联交给财务； 5. 登记库存台账（图 4-3-9）
16	填写车架完工单	车间主任	1. 车间车架生产完工，车间主任根据派工单填写车架完工单（图 4-3-10）； 2. 将派工单及填写的车架完工单交给生产计划表经理审核
17	审核车架完工单	生产计划部经理	1. 接收车间主任送来的派工单和填写的车架完工单； 2. 根据派工单审核工单填写的产品是否已经派工，审核无误后签字； 3. 车间管理员留存完工单第一联，车间主任将车架完工单第二联和车架交给仓储部
18	填写生产入库单	仓储部经理	1. 仓储部经理接收车间主任送来的车架和车架完工单； 2. 核对车架的单据和实物是否相符； 3. 填写生产入库单（图 4-3-11），确认签字； 4. 仓储部经理把审核完的生产入库单自留一联，另外两联交给财务部和生产部

（续表）

序号	操作步骤	角色	操作内容
19	填写生产执行计划情况表	车间主任	1. 根据车架完工单登记生产计划部的生产执行情况表； 2. 将生产执行情况表交给生产计划部经理审核
20	审核生产执行计划情况表	生产计划部经理	审核生产执行计划情况表是否完整填写，确认生产完工情况
21	填写车架物料卡	仓储部经理	1. 仓储部经理将货物摆放到货位，根据半成品入库单更新物料卡； 2. 登记库存台账
22	填制发货单	销售经理	1. 根据销售订单明细表和发货计划表填制发货单（图 4-3-12）； 2. 报部门经理和财务部经理审核
23	审核发货单	市场营销部经理 财务部经理	1. 根据销售订单明细表审核发货单，确认客户名称、产品名称、型号等重要项的填写； 2. 发货单签字，将审核完的发货单交还给销售经理； 3. 销售经理留存发货单第一联，将第二联送仓储部，第三联送财务部； 4. 财务部审核发货单并签字
24	填制销售出库单	仓储部经理	1. 根据发货单填制销售出库单（图 4-3-13）； 2. 请销售经理签字确认； 3. 办理出库手续
25	开具增值税专用发票 填制记账凭证	出纳	1. 从销售经理处获取出售的销售价格； 2. 根据销售出库单，结合销售合同，开具销售发票（图 4-3-14）； 3. 根据开具的发票填制记账凭证（图 4-3-15）
26	审核记账凭证	财务经理	审核记账凭证
27	填写物料卡 登记库存台账	仓储部经理	1. 办理出库手续，更新物料卡； 2. 把一联出库单交给销售经理； 3. 根据出库单填写库存台账，留存备案
28	登记销售发货跟踪表	销售经理	1. 根据发货单进行销售发货，并将发货单第四联送交客户； 2. 登记销售订单跟踪表（图 4-3-16）
29	接收客户签发的支票	销售经理	接收客户交付的转账支票
30	填写进账单	出纳	填写银行进账单（图 4-3-17）
31	银行转账（支票）	银行柜员	1. 银行柜员接收进账单和转账支票； 2. 银行柜员操作转账； 3. 银行柜员在进账单上加盖转讫印章，将回单联退还给客户
32	取回进账单，编制记账凭证	出纳	1. 将银行取回的进账单，编制记账凭证； 2. 将记账凭证交财务部经理审核
33	审核记账凭证	财务部经理	1. 审核记账凭证是否正确； 2. 审核完毕，交给出纳
34	代理记账	财务经理 会计师事务所	每月将相关数据提供给承接我司业务的会计师事务所，由该会计师事务所为我司出具相关报表等财务信息

表 4-3-2　合同会签单

单据编号：　　　　会签日期：　年　月　日

送签部门		签约人：	承办人：	电话： E-mail：
合同名称			对方单位	
合同主要内容			合同金额（大写）	
业务部门审批意见	业务经理：			日期：
财务部审批意见	财务经理：			日期：
总经理审批意见	总经理：（付款金额 1 万以上的由总经理审批）			日期：
争议解决				
归档日期				

销售订单明细表

单位：元

销售合同编号	订单号	客户名称	产品名称	市场	数量	单位	单价	合同约定交货期	合同约定回款期	货款额

编制人：　　　　编制日期：　年　月

说明：一式一联，销售部存。

图 4-3-1　销售订单明细表

销售订单汇总表

编制日期：　　　年　　月　　日

产 品 名 称	数量	单位	合同约定交货日期	货品型号

第一联：营销部留存

说明：一式两联，销售、生产各一联

图 4-3-2　订单汇总表

销售订单汇总表

编制日期：　　　年　　月　　日

产品名称	数量	单位	合同约定交货日期	货品型号

第二联：生产计划部留存

说明：一式两联，销售、生产各一联

图 4-3-2　订单汇总表（续）

主生产计划表

制表部门：

单据编号： 编制日期： 年 月 日

名称 \ 预计产量 \ 月份	1月	2月	3月	4月	5月	6月	7月	8月	9月	10月	11月	12月	1月	2月	3月

第一联：生产计划部留存

生产计划部经理： 计划员：

主生产计划表

制表部门：

单据编号： 编制日期： 年 月 日

名称 \ 预计产量 \ 月份	1月	2月	3月	4月	5月	6月	7月	8月	9月	10月	11月	12月	1月	2月	3月

第二联：采购部留存

生产计划部经理： 计划员：

图 4-3-3 主生产计划表

派　工　单

派工部门：

派工单号：　　　　　　　　　　　　　　　　派工日期：　　　年　　月　　日

产品	工序	工序名称	工作中心	生产数量	计划进度	
					开始日期	完工日期

第一联：生产计划部留存

生产计划部经理：　　　　　　　　　　车间管理员：

派　工　单

派工部门：

派工单号：　　　　　　　　　　　　　　　　派工日期：　　　年　　月　　日

产品	工序	工序名称	工作中心	生产数量	计划进度	
					开始日期	完工日期

第二联：车间留存

生产计划部经理：　　　　　　　　　　车间管理员：

图 4-3-4　派工单

物料需求计划计算表（1）

填表部门：

产品名称：　　　　安全库存：　　　　编制日期：　　年　　月　　日

项目	月份		1月	2月	3月	4月	5月	6月	7月	8月	9月	10月	11月	12月	1月	2月	3月
童车	净需求=主生产计划表mps:																
	下达生产订单:																
车架	总需求=童平衡车生产订单下达量bom用量																
	减:可用库存	期初库存															
		减:安全库存															
		等于:可用库存															
	净需求																
车篷	总需求=平衡车生产订单下达量bom用量																
	减:可用库存	期初库存															
		减:安全库存															
		等于:可用库存															
	净需求																
车轮	总需求=平衡车生产订单下达量bom用量																
	减:可用库存	期初库存															
		减:安全库存															
		等于:可用库存															
	净需求																
包装套件	总需求=平衡车生产订单下达量bom用量																
	减:可用库存	期初库存															
		减:安全库存															
		等于:可用库存															
	净需求																

物料需求计划计算表（2）

填表部门：

产品名称：　　　　安全库存：　　　　编制日期：　　年　　月　　日

项目	月份		1月	2月	3月	4月	5月	6月	7月	8月	9月	10月	11月	12月	1月	2月	3月
车架	生产订单完工																
钢管	总需求=平衡车生产订单下达量bom用量																
	减:可用库存	期初库存															
		减:安全库存															
		等于:可用库存															
	净需求																
坐垫	总需求=平衡车生产订单下达量bom用量																
	减:可用库存	期初库存															
		减:安全库存															
		等于:可用库存															
	净需求																

注：在途数量：

图 4-3-5　物料需求计划表

生产执行情况表

编制部门：　　　　　　　　　　　　　　　　　　　　　　　　编制日期：　　年　　月　　日

派工单号	产品名称	领料情况	开工数量	完工数量	开工日期	计划完工日期	完工日期	在产品数量	完工入库数量	产品入库日期	备注

车间管理员：

图 4-3-6　生产执行情况表

领　料　单

领料部门：　　　　　　领料单号：　　　　　　派工单号：　　　　　　编制日期：　　年　　月　　日

序号	材料编码	材料名称	单位	材料规格	加工产品	领用数量	领用时间	备注

第一联：生产计划部留存

仓储部：　　　　　　部门经理：　　　　　　车间管理员：

图 4-3-7　领料单

领 料 单

领料部门：　　　　领料单号：　　　　派工单号：　　　　编制日期：　　年　　月　　日

序号	材料编码	材料名称	单 位	材料规格	加工产品	领用数量	领用时间	备 注

第二联：仓储部留存

仓储部：　　　　部门经理：　　　　车间管理员：

图 4-3-7　领料单（续）

材料出库单

单据编号：　　　　出库类型：

出库日期：　　　　派工单号：

序号	物料名称	物料编码	出库数量	单 价	金 额	备 注
1						
2						
3						
4						
5						
合计						

第一联：仓储部存根

仓管员：　　　　仓储部经理：　　　　车间管理员：

图 4-3-8　材料出库单

材料出库单

单据编号：　　　　　　　　　　出库类型：
出库日期：　　　　　　　　　　派工单号：

序号	物料名称	物料编码	出库数量	单价	金额	备注
1						
2						
3						
4						
5						
合计						

第二联：生产计划部

仓管员：　　　　　　仓储部经理：　　　　　　车间管理员：

材料出库单

单据编号：　　　　　　　　　　出库类型：
出库日期：　　　　　　　　　　派工单号：

序号	物料名称	物料编码	出库数量	单价	金额	备注
1						
2						
3						
4						
5						
合计						

第三联：财务部

仓管员：　　　　　　仓储部经理：　　　　　　车间管理员：

图 4-3-8　材料出库单（续）

表 4-3-3　物料卡

存货类别：商品　　　　　仓位：□成品仓　□原材料　□半成品
物料编号：　　　　　物料名称：　　　　　规格：

日期	入库	出库	结余	经手人	备注

库存台账

本帐页数
本户页数

物料名称： 规格： 最高存量：
物料编号： 仓位： 最低存量：

年		凭证号数	摘要	入库		出库		结存	
月	日			数量	单价	数量	单价	数量	单价

图 4-3-9 库存台账

完工单

生产部门：
完工单号： 编制日期： 年 月 日

产品名称	完工日期	计划产量	实际完工量	剩余在制品	待检验	不良产品数

第一联：生产计划部留存

部门经理： 车间管理员：

完工单

生产部门：
完工单号： 编制日期： 年 月 日

产品名称	完工日期	计划产量	实际完工量	剩余在制品	待检验	不良产品数

第二联：仓储部留存

部门经理： 车间管理员：

图 4-3-10 完工单

生产入库单

制单日期： 仓　　库：
单据编号： 完工单编号：

序号	品名	规格型号	单位	入库时间	数量	备注
1						
2						
3						
4						
5						
合计						

第一联：仓储部存根

仓储部经理： 仓管员： 车间管理员：

生产入库单

制单日期： 仓　　库：
单据编号： 完工单编号：

序号	品名	规格型号	单位	入库时间	数量	备注
1						
2						
3						
4						
5						
合计						

第二联：生产计划部

仓储部经理： 仓管员： 车间管理员：

生产入库单

制单日期： 仓　　库：
单据编号： 完工单编号：

序号	品名	规格型号	单位	入库时间	数量	备注
1						
2						
3						
4						
5						
合计						

第三联：财务部

仓储部经理： 仓管员： 车间管理员：

图 4-3-11　生产入库单

发 货 单

单据编号： 日 期： 交货日期：
销售订单号： 客户名称： 仓 库：
业 务 员： 运输方式： 联 系 人：

产品名称	产品型号	发货数量	备 注
合 计			

第一联：营销部留存

营销部经理： 账务部经理： 客户确认：

发 货 单

单据编号： 日 期： 交货日期：
销售订单号： 客户名称： 仓 库：
业 务 员： 运输方式： 联 系 人：

产品名称	产品型号	发货数量	备 注
合 计			

第二联：仓诸部留存

营销部经理： 账务部经理： 客户确认：

发 货 单

单据编号： 日 期： 交货日期：
销售订单号： 客户名称： 仓 库：
业 务 员： 运输方式： 联 系 人：

产品名称	产品型号	发货数量	备 注
合 计			

第三联：财务部留存

营销部经理： 账务部经理： 客户确认：

图 4-3-12 发货单

发 货 单

单据编号： 日　期： 交货日期：
销售订单号： 客户名称： 仓　库：
业 务 员： 运输方式： 联 系 人：

产品名称	产品型号	发货数量	备　注
合　计			

第四联：客户留存

营销部经理： 账务部经理： 客户确认：

图 4-3-12　发货单（续）

销售出库单

销售订单号： 客户名称： 出库类型：
出库单编号： 出库日期： 仓　位：

序号	产品名称	产品编号	规格型号	出库数量	备 注
1					
2					
3					
4					
5					
合计					

第一联：仓储部存根

仓管员： 仓储部经理： 销售专员：

销售出库单

销售订单号： 客户名称： 出库类型：
出库单编号： 出库日期： 仓　位：

序号	产品名称	产品编号	规格型号	出库数量	备 注
1					
2					
3					
4					
5					
合计					

第二联：销售部

仓管员： 仓储部经理： 销售专员：

图 4-3-13　销售出库单

销售出库单

销售订单号：　　　　客户名称：　　　　出库类型：

出库单编号：　　　　出库日期：　　　　仓　　位：

序号	产品名称	产品编号	规格型号	出库数量	备 注
1					
2					
3					
4					
5					
合计					

第三联：财务部

仓管员：　　　　仓储部经理：　　　　销售专员：

图 4-3-13　销售出库单（续）

新商科增值税教学单据（专用）

记账联

No

开票日期

购货单位	名　　称： 纳税人识别号： 地 址、电 话： 开户行及账号：	密码区	022*5897+71>+60-97*21-7*+31>0931-946 *98161*4518/4/30429784>63545+95>-//+ 0606*>8<>0215/5</*0791657-321-36<+0- *4>*/33-2*//56677201>(>2824>-4*47*5<

货物或应税劳务名称	规格型号	单 位	数 量	单 价	金 额	税率	税 额
合　　计							
价税合计（大写）					（小写）		

销货单位	名　　称： 纳税人识别号： 地 址、电 话： 开户行及账号：	备注	

收款人：　　　　复核：　　　　开票人：　　　　销货单位：（章）

第一联：记账联　销货方记账凭证

样品

新商科增值税教学单据（专用）

抵扣联

No

开票日期：

购货单位	名　　称： 纳税人识别号： 地 址、电 话： 开户行及账号：	密码区	022*5897+71>+60-97*21+7*+31>0931-946 *98161*4518/4/30429784>63545+95>-//+ 0606*>8<>0215/5</*0791557-321-36<+0- *4>*/33-2*//56677201>0:2824>-4*47*5<

货物或应税劳务名称	规格型号	单 位	数 量	单 价	金 额	税率	税 额
合　　计							
价税合计（大写）					（小写）		

销货单位	名　　称： 纳税人识别号： 地 址、电 话： 开户行及账号：	备注	

收款人：　　　　复核：　　　　开票人：　　　　销货单位：（章）

第二联：抵扣联　购货方扣税凭证

样品

图 4-3-14　增值税专用发票——销售发票

新商科增值税教学单据（专用）

发票联　　　　No

开票日期：

购货单位	名　　称： 纳税人识别号： 地 址、电 话： 开户行及账号：	密码区	022*5897+71>+60-97*21+7*+31>0931-946 *98161*4518/4/30429784>63545+95>-//+ 0606*>8<>0215/5</*0791657-321-36<+0- *4>*/33-2*//56677201>0>2824>-4*47*5<

货物或应税劳务名称	规格型号	单位	数量	单价	金额	税率	税额
合　计							
价税合计（大写）					（小写）		

销货单位	名　　称： 纳税人识别号： 地 址、电 话： 开户行及账号：	备注	

收款人：　　　复核：　　　开票人：　　　销货单位：(章)

第三联：发票联 购货方记账凭证

样张

图 4-3-14　增值税专用发票——销售发票（续）

总　第　号

对方科目：　　　　年　月　日　　字　第　号

摘要	总账科目	明细账科目	✓	借方金额										贷方金额									
				千	百	十	万	千	百	十	元	角	分	千	百	十	万	千	百	十	元	角	分
合　计																							

附件　　张

会计主管　　　记账　　　出纳　　　审核　　　制证

图 4-3-15　记账凭证

销售订单跟踪表

合同编号	销售订单编号	发货单号	客户简称	产品名称	订单总数	数量（辆）	单位	货款额（元）	合同约定交货期	合同约定回款期	实际发货数量	发票开具情况	回款额(元)	订单执行情况

编制人：　　　　编制日期：　年　月

说明：一式一联，销售部存。

图 4-3-16　销售发货跟踪表

ICBC 中国工商银行 进账单（贷方凭证） 1

年 月 日

出票人	全称		收款人	全称	
	账号			账号	
	开户银行			开户银行	
金额	人民币（大写）			千百十万千百十元角分	
票据种类		票据张数			
票据号码					
备注：				复核 记账	

此联由收款人开户银行作贷方凭证

ICBC 中国工商银行 进账单（回 单） 2

年 月 日

出票人	全称		收款人	全称	
	账号			账号	
	开户银行			开户银行	
金额	人民币（大写）			千百十万千百十元角分	
票据种类		票据张数			
票据号码					
	复核 记账			开户银行签章	

此联是开户银行交给持（出）票人的回单

ICBC 中国工商银行 进账单（收账通知） 3

年 月 日

出票人	全称		收款人	全称	
	账号			账号	
	开户银行			开户银行	
金额	人民币（大写）			千百十万千百十元角分	
票据种类		票据张数			
票据号码					
	复核 记账			收款人开户银行签章	

此联是收款人开户银行交给收款人的收账通知

图 4-3-17 进账单

任务四 制造企业——开发新市场（企业——服务公司）

一、任务描述

为了打开国内及国际市场，企业进行新市场的开发投资，该项业务与第三方服务公司合作。企业确定了要开发的新市场范围，与服务公司商定好市场开发费用，服务公司业务员进行新市场开发运作。

广告是为了某种特定的需要，通过一定形式的媒体，公开而广泛地向公众传递信息的宣传手段。

二、情景导入

制造企业依据市场供求情况，对新市场进行调研，系统、客观地收集市场需求信息，发掘潜在客户，进入国内市场和国际市场。

依据市场开发、调研和分析情况，企业决定对产品进行广告投放。

三、操作流程（表 4-4-1 和表 4-4-2）

表 4-4-1 企业开拓新市场的操作步骤

序号	操作步骤	角色	操作内容
1	确定数据分析公司并进行洽谈	市场部经理 数据公司业务员	与数据分析公司洽谈，为新产品做调研；对接开拓新市场的内容
2	起草数据分析合同	数据公司业务员	1．与企业代表商谈合同细节； 2．对数据分析合同内容确认无误后在合同上签字、盖章
3	填写合同会签单	市场部经理	1．填写合同会签单（图 4-4-1）； 2. 将数据分析合同及合同会签单依次交给部门经理、财务部经理、总经理，由其审核； 3．合同审核完毕后交给行政助理，由其盖章
4	审核数据分析合同	市场营销部经理 财务部经理 总经理	1．审核数据，分析合同的合理性； 2．在合同会签单上签字
5	数据分析合同盖章	行政助理	1．确认合同会签单是否完整填写； 2．在数据分析合同上加盖公章
6	开具数据分析业务发票	数据公司业务员	依据合同上确定的费用金额开具发票并送交市场部经理
7	填写付款单	市场部经理	根据合同签订的发票金额填写付款单（图 4-4-2）
8	审核付款单	市场营销部经理 出纳 财务部经理	审核付款单，签字

（续表）

序号	操作步骤	角色	操作内容
9	签发转账支票	出纳	1．填写转账支票（图 1-3-1）； 2．登记支票登记簿（图 4-4-3）； 3．将支票正联交给市场部经理； 4．将支票根粘贴在付款单后面
10	将支票交给收款方	市场部经理	1．在支票登记簿上签字； 2．将支票交给收款方即服务公司
11	填制记账凭证	出纳	根据付款单编制记账凭证（图 4-4-4）
12	审核记账凭证	财务部经理	审核记账凭证，审核无误后在凭证上加盖印章或者签名确认
13	数据分析公司出策划方案	数据公司业务员	数据分析公司收到货款后，根据合同约定的条款，为企业设计新市场开拓方案
14	对接方案	数据公司业务员 市场部经理	1．对接市场开拓方案； 2．方案中不合理的地方，进行沟通，修改
15	交付市场开拓方案	数据公司业务员	市场开拓方案交付

表 4-4-2　企业投放广告的操作步骤

序号	操作步骤	角色	操作内容
1	确定广告公司并进行洽谈	市场部经理 服务公司业务员	与广告公司洽谈，对接产品广告的内容
2	起草广告合同	服务公司业务员	1．与企业代表商谈合同细节； 2．对广告合同内容确认无误后在合同上签字、盖章
3	填写合同会签单	市场部经理	1．填写合同会签单（图 4-4-1）； 2．将广告合同及合同会签单交部门经理、财务部经理、总经理审核； 3．合同审核完毕后由行政助理盖章
4	审核广告合同	市场营销部经理 财务部经理 总经理	1．审核广告合同的合理性； 2．在合同会签单上签字
5	广告合同盖章	行政助理	1．确认合同会签单是否完整填写； 2．在广告合同上加盖公章
6	开具广告费发票	服务公司业务员	依据合同上确定的广告费金额开具发票并送交市场部经理
7	填写付款单	市场部经理	根据广告费发票金额填写付款申请单（图 4-4-2）
8	审核付款单	市场营销部经理 出纳 财务部经理	审核付款申请单，签字
9	签发转账支票	出纳	1．转账支票（图 1-3-1）； 2．登记支票登记簿（图 4-4-3）； 3．将支票正联交给市场部经理； 4．将支票根粘贴在付款单后面

（续表）

序号	操作步骤	角色	操作内容
10	将支票交给收款方	市场部经理	1．在支票登记簿上签字； 2．将支票交给收款方即服务公司
11	填制记账凭证	出纳	根据付款单编制记账凭证（图 4-4-4）
12	审核记账凭证	财务部经理	审核记账凭证，审核无误在凭证上加盖印章或者签名确认，并填写“公章、印鉴使用登记表”（图 4-4-5）
13	广告公司出策划方案	服务公司业务员	广告公司收到货款后，根据合同约定的条款，为企业设计广告方案
14	对接方案	服务公司业务员 市场部经理	1．对接广告方案； 2．针对方案中不合理的地方，进行沟通、修改
15	交付广告策划文案	服务公司业务员	广告公司交付文案

合同会签单

单据编号：　　　　　　　　　　　　会签日期：　　年　　月　　日

送签部门		签约人：	承办人：	电　话： E-mail:
合同名称			对方单位	
合同主要内　　容			合同金额（大写）	
业务部门审批意见	部门经理：　　　　　　日期：			
财务部审批意见	财务经理：　　　　　　日期：			
总经理审批意见	总经理： （付款金额1万以上的由总经理审批）　　　　日期：			
争议解决				
归档情况				

图 4-4-1　合同会签单

付款申请单

<table>
<tr><td>申请部门:</td><td></td><td colspan="2">日期:</td></tr>
<tr><td>发票编号:</td><td colspan="3"></td></tr>
<tr><td>收款单位:</td><td colspan="3"></td></tr>
<tr><td>单位地址:</td><td></td><td rowspan="2">付款方式</td><td>□转账</td></tr>
<tr><td>开户行:</td><td></td><td>□支票</td></tr>
<tr><td>账号:</td><td></td><td colspan="2">已收发票</td></tr>
<tr><td>用途:</td><td></td><td colspan="2">□是 □否</td></tr>
<tr><td>金额(大写):</td><td></td><td colspan="2">¥</td></tr>
<tr><td>经办人签字:</td><td></td><td colspan="2">日期:</td></tr>
<tr><td>财务主管意见:</td><td></td><td colspan="2">日期:</td></tr>
<tr><td>总经理意见:</td><td></td><td colspan="2">日期:</td></tr>
<tr><td colspan="4">备注:</td></tr>
</table>

图 4-4-2 付款申请单

支 票 登 记 簿

编制日期: 年 月

日 期	用 途	金 额	支 票 号	部 门	领 用 人

图 4-4-3 支票登记簿

总　第　号

对方科目：　　　　　　　年　月　日　字　第　号

摘要	总账科目	明细账科目	✓	借方金额										贷方金额									
				千	百	十	万	千	百	十	元	角	分	千	百	十	万	千	百	十	元	角	分
合　计																							

附件　张

会计主管　　记账　　出纳　　审核　　制证

图 4-4-4　记账凭证

公章、印鉴使用登记表

编制日期：　年　月　日

申请表编号	使用人	部门	文件名称	文件主要内容	盖章时间	公章类别	盖章次数	备注

编制人：

图 4-4-5　公章、印鉴使用登记表

任务五 制造企业——人力资源管理日常业务

一、任务描述

人力资源管理日常业务指当企业招聘新员工或者企业内部人员调整，就企业员工社会保险、住房公积金等日常任务进行业务往来。

二、情景导入

（1）企业有新员工入职时，需要在社保中心办理增员申报。

（2）企业、社会保险中心与银行签订同城特约委托收款协议，企业每月按期计算汇总应缴纳的社会保险费。

（3）企业、住房公积金管理中心与银行签订同城特约委托收款协议，企业每月按期计算汇总应缴纳的住房公积金费用。

（4）企业为员工发放本月薪酬。

三、操作流程（表 4-5-1）

表 4-5-1 社会保险增员申报的操作步骤

序号	操作步骤	角色	操作内容
1	查询新进职员信息	人力资源部经理	查询当月新入职人员信息
2	填写社会保险参保人员增加表	人力资源部经理	根据新增人员实际情况填写社会保险参保人员增加表（图 4-5-1），一式两份（缴费基数按照参保人员基本工资标准填写）；
3	填写公章、印鉴使用申请表	人力资源部经理	1．去行政助理处领取“公章、印鉴、资质证照使用申请表”并依照要求填写（图 4-5-2）； 2．将填写完成的“公章、印鉴、资质证照使用申请表”交给总经理审批
4	公章、印鉴使用审批	总经理	1．审核盖章申请事项是否必要，需盖章资料准备是否齐全； 2．审核完成后在“公章、印鉴、资质证照使用申请表”上签字，并将签字完成后的申请表交还给人力资源部经理
5	盖章	行政助理	1．核对“公章、印鉴、资质证照使用申请表”是否填写完整，是否经过审批签字； 2．核对需要盖章的资料与申请表上所列示的内容是否一致； 3．按照使用申请表上列示的章、证的类型及盖章位置等要求为其盖章； 4．将“公章、印鉴、资质证照使用申请表”留存备查，盖章完成的资料交还给人力资源部经理
6	去社会保险中心办理增员	人力资源部经理	带齐资料去社会保险中心办理社会保险增员业务

（续表）

序号	操作步骤	角色	操作内容
7	社保增员资料审核	社保局专管员	1. 依照增员资料核对经办业务所需的资料是否齐备，填写是否规范； 2. 在增加表上加盖业务章，并将其中的一份交给企业经办人，另一份自己保管
8	资料归档	人力资源部经理	将增员业务的资料表归档，方便核算相关费用

表 4-5-2　缴纳社会保险和公积金的操作步骤

序号	操作步骤	角色	操作内容
1	核定企业社会保险费	社保局专管员	1. 告知企业将当月应缴纳的社会保险费计算汇总，并送至社会保险中心； 2. 结合该企业过往社会保险信息及当月变动数据，核定该企业当月应缴费金额
2	社会保险缴费金额告知	社保局专管员	1. 制作辖区内各企业事业单位月度社会保险缴费表（图 4-5-3）； 2. 告知银行应缴费的企业名称、缴费金额、付款账号及社保中心收款账号
3	划转社会保险	银行柜员	将社保局专管员提供的数据录入系统
4	单据分拣	银行柜员	1. 打印同城委托收款凭证并在第一联加盖银行业务章（图 2-3-1）； 2. 将第一联放在企业回单箱，银行存留第二联
5	核定企业住房公积金费用	公积金专管员	1. 告知企业将当月缴纳的公积金费用计算汇总，并送至公积金管理中心； 2. 结合该企业过往住房公积金信息及当月变动数据核定该企业当月应缴费金额
6	住房公积金缴费金额告知	公积金专管员	1. 制作辖区内各企业事业单位月度住房公积金缴费表； 2. 告知银行应缴费的企业名称、缴费金额、付款账号及住房公积金管理中心收款账号
7	划转住房公积金	银行柜员	将住房公积金专管员提供的数据录入系统
8	单据分拣	银行柜员	1. 打印同城特约委托收款凭证并在第一联、第二联加盖银行业务章； 2. 将第一联放在企业回单箱，第二联放在公积金管理中心回单箱内，银行存留第三联
9	去银行领取扣款回执	出纳	1. 去银行领取五险一金扣款回单； 2. 告知人力资源部经理扣款金额，以备其核对相关报表； 3. 将从银行领取的社会保险、住房公积金委托扣款凭证-付款通知单填制记账凭证（图 4-5-4）
10	审核记账凭证	财务部经理	审核记账凭证

表 4-5-3 薪酬发放的操作步骤

序号	操作步骤	角色	操作内容
1	考勤汇总	人力资源部经理	根据公司员工打卡情况，编制考勤统计表（表 4-5-4），计算工资
2	编制工资表	人力资源部经理	根据考勤统计表、各岗位薪资标准，编制工资表（图 4-5-5）
3	填写支出凭单	出纳	1. 根据工资表数据填写支出凭单（图 4-5-6）； 2. 将填写好的支出凭单、职工工资表交给财务部经理审核签字
4	审核支出凭证	财务部经理	1. 审核支出人是不是该部门的员工； 2. 审核支出日期是否正确； 3. 审核支出用途及金额是否符合规定； 4. 金额大小写是否正确； 5. 审核支出方式是否正确； 6. 审核完成后在支出凭证上签字
5	签发支票	出纳	1. 依据支出凭证信息签发转账支票，加盖法人章（图 1-3-1）； 2. 将支票交给财务部经理审核、盖章
6	审核支票、盖章	财务部经理	1. 审核支票是否填写规范、有无涂改； 2. 在转账支票上加盖财务专用章
7	登记支票登记簿	出纳	登记支票登记簿（图 4-5-7）
8	办理薪酬发放	出纳	带齐薪资发放资料（工资表、转账支票、薪资 U 盘）去银行办理工资发放
9	代发工资	银行柜员	1. 收到企业交来的工资表、转账支票、薪资 U 盘，核对无误后，将信息导入银行系统，并将 U 盘交还给企业经办人； 2. 导入成功，自动完成划款
10	传递原始凭证	出纳	薪资发放完成后将支票存根及支出凭单交给经办人进行后续账务处理
11	制作、发放工资条	人力资源部经理	打印职工薪酬统计表，将每个员工的薪资数据裁剪或独立的小条
12	填制记账凭证	出纳	1. 填制记账凭证，将原始单据作为附件粘贴； 2. 送财务部经理审核
13	审核记账凭证	财务部经理	审核凭证附件的准确性，在纸质凭证上签字审核

社会保险参保人员增减表

单位名称（盖章）： 单位编码：

	身份证号码	姓名	申报工资（元/月）	变更类别 增加	变更类别 减少	本次增减时间	户口性质	个人身份	手机号码	通讯地址	备注
	1	2	3	4		5	6	7	8	9	10
1											
2											
3											
4											
5											
6											
7											
8											
9											
10											

填报人： 联系电话： 社保机构经办人： 年 月 日

填表说明： 1. 第4栏请勾选，变更类型为减少时，只需填报第1、2、5栏。
2. 第5栏填报参保缴费开始或停止时间，格式为YYYYMMDD。
3. 第6栏用代码填报：①省内非农业户口、②省内农业户口、③省外非农业户口、④省外农业户口。
4. 第7栏用代码填报：①企业在职、②企业退休、③公务员在职、④公务员退休、⑤参照公务员在职、⑥参照公务员退休、⑦事业在职、⑧事业退休、⑨机关事业编外在职。
5. 填报单位应加盖单位公章或人事部门章。
6. 本表一式两份，受理后社保经办机构、申报单位各执一份。

图 4-5-1 社会保险参保人员增加表

公章、印鉴、资质证照使用申请表

编号：

<table>
<tr><td>部门</td><td></td><td>经办人</td><td></td><td>申请使用时间</td><td></td></tr>
<tr><td>使用缘由</td><td colspan="5"></td></tr>
<tr><td>章、证类别
（原/复印件）</td><td></td><td>盖章/证照
复印件份数</td><td></td><td>归还时间</td><td></td></tr>
<tr><td>部门审核</td><td colspan="5"></td></tr>
<tr><td>总经理审批</td><td colspan="5"></td></tr>
</table>

填表说明：

1. 本表由经办人填写
2. 审核由经办人直接上级负责审核

图 4-5-2 公章、印鉴、资质证照使用申请表

管理代码：
经济类型： 缴款所属时期： 年 月 单位：元

<table>
<tr><td rowspan="3">缴款
单位</td><td>全称</td><td colspan="2"></td><td>地址</td><td></td><td></td><td rowspan="3">职工情况</td><td colspan="2">总数</td><td></td></tr>
<tr><td>开户行</td><td colspan="2"></td><td>电话</td><td></td><td>级次</td><td>其中</td><td></td><td></td></tr>
<tr><td>账号</td><td colspan="2"></td><td>邮编</td><td></td><td></td><td></td><td></td><td></td></tr>
<tr><td rowspan="2">缴费名称</td><td rowspan="2">缴费人数</td><td>缴费基数</td><td></td><td>缴费率</td><td></td><td colspan="4">缴费金额</td><td rowspan="2">缓（欠）缴
金额</td></tr>
<tr><td>单位部分</td><td>个人部分</td><td>单位</td><td>个人</td><td>单位部分</td><td>个人部分</td><td colspan="2">合计</td></tr>
<tr><td>养老保险费</td><td></td><td></td><td></td><td></td><td></td><td></td><td></td><td colspan="2"></td><td></td></tr>
<tr><td>失业保险费</td><td></td><td></td><td></td><td></td><td></td><td></td><td></td><td colspan="2"></td><td></td></tr>
<tr><td>医疗保险费</td><td></td><td></td><td></td><td></td><td></td><td></td><td></td><td colspan="2"></td><td></td></tr>
<tr><td>工伤保险费</td><td></td><td></td><td></td><td></td><td></td><td></td><td></td><td colspan="2"></td><td></td></tr>
<tr><td>生育保险费</td><td></td><td></td><td></td><td></td><td></td><td></td><td></td><td colspan="2"></td><td></td></tr>
<tr><td></td><td></td><td></td><td></td><td></td><td></td><td></td><td></td><td colspan="2"></td><td></td></tr>
<tr><td>合计</td><td></td><td></td><td></td><td></td><td></td><td></td><td></td><td colspan="2"></td><td></td></tr>
<tr><td colspan="4">征收机关：
（盖章）
经办人： 年 月 日</td><td colspan="4">缴款单位：
（盖章）
经办人： 年 月 日</td><td colspan="3">备注：</td></tr>
</table>

图 4-5-3 社会保险缴费表

总字 第 号 第 号

对方科目： 年 月 日

摘要	总账科目	明细账科目	✓	借方金额										贷方金额									
				千	百	十	万	千	百	十	元	角	分	千	百	十	万	千	百	十	元	角	分
合 计																							

附件 张

会计主管 记账 出纳 审核 制证

图 4-5-4 记账凭证

表 4-5-4 考勤统计表

制表：人力资源部

工号	姓名	所在部门	担任职务	本月应到	事假	病假	旷工	迟到/早退	本月实到	考勤扣款	备注

工 资 表

序号	工号	姓名	基本工资	加班工资	养老保险	失业保险	医疗保险	工商保险	生育保险	公积金	考勤扣款	实发工资	备注
1													
2													
3													
4													
5													
6													
7													
8													
9													
10													
11													
12													
13													
14													
15													
16													
17													

图 4-5-5 工资表

支出凭单

部门：　　　　　　　　　年　　月　　日　　　　预算项目：

即　付：＿＿＿＿＿＿＿＿＿＿＿＿＿＿＿＿＿＿＿＿＿＿＿＿

＿＿＿＿＿＿＿＿＿＿＿＿＿＿＿＿＿＿＿＿＿＿＿＿款

计人民币

（大写）：＿＿＿＿＿＿＿＿＿＿＿＿＿＿＿＿ ¥ ＿＿＿＿＿

领 款 人：＿＿＿＿＿＿＿＿

会计主管		出纳	

部门经理：　　　　　　　　财务部经理：　　　　　　　总经理：

图 4-5-6　支出凭单

支票登记簿

编制日期：　　　年　　月

日 期	用 途	金 额	支 票 号	部 门	领 用 人

图 4-5-7　支票登记簿

任务六　制造企业——日常业务

一、证券业务

1. 任务描述

证券行业一般包括证券公司、期货公司、基金公司等。证券公司一般分为总部和分支机构两个层次。总部的职能部门一般有做衍生品的、做行业分析的、做固定收益产品的、做零售业务的、专门负责企业融资、收购兼并等机构业务的、做资产管理的、做融资融券的、做自营的，等等。分支机构层面一般就是做零售业务（即散户炒股）和部分机构业务的。

2. 情景导入

企业从自身长远发展的角度出发，将部分利润进行证券投资，既可实现科学的资金规划，又可在一定程度上提高企业经济效益。

3. 操作流程（表 4-6-1）

表 4-6-1　证券公司的业务流程

序号	操作步骤	角色	操作内容
1	开户业务	企业和证券公司	按证券公司业务流程
2	证券存托管与委托指令	企业和证券公司	按证券公司业务流程
3	委托买卖	企业和证券公司	按证券公司业务流程
4	竞价与成交	企业和证券公司	按证券公司业务流程
5	交易结算	企业和证券公司	按证券公司业务流程

二、企业购买增值税发票业务

1. 任务描述

发票是指一切单位和个人在购销商品、提供或接受服务，以及从事其他经营活动中，所提供给对方的首付款的数目说明，是会计核算的原始依据，也是审计机关、税务机关执法检查的重要依据。

2. 情景导入

企业财务部因发票快要用完，让财务部出纳去税务局购置一些增值税发票。

3. 操作流程（表 4-6-2）

表 4-6-2　购置增值税发票的操作步骤

序号	操作步骤	角色	操作内容
1	申请领用发票	出纳	1. 申领人携带营业执照副本、经办人身份证到税务局； 2. 向税务局说明申请发票类型及数量
2	登记并发放发票	税务局	1. 收到企业的申请后，将信息录入发票领用表； 2. 发票号由税务局按序号排列即可； 3. 填写后，发放发票

第五章　销 售 环 节

任务一　销售公司总经理期初数据/期初建账

一、任务描述

1. 熟悉公司组织结构

新上任的总经理接手公司工作，要明确自己的岗位职责，研读前任交接的资料，熟悉公司的组织结构。

2. 读懂公司财务报告、部门数据、计划安排

总经理要全面掌握现有的财务状况、已确定的经营规划及实施方案，制订未来的经营目标。

二、情景导入

根据企业年度经营规划书，获得并掌握以下重要信息及相关指标。

三、知识储备

企业年度经营规划书列示企业经营目标、生存环境及阶段计划的指导性文件，同时也包含企业运行中的具体策略和实施工作。

权益增长指所有者权益的变化幅度，即期末所有者权益（期初所有者权益）/期初所有者权益。

部分考核指标计算方法：

（1）存货周转率=营业成本/存货的平均余额

（2）广告产出比=订单销售额/广告投入

（3）产品市场占有率指一定时期内，企业所生产的产品在其市场上的销售量或销售额占同类产品销售总量或销售总额的比例。

四、操作流程

总经理根据年度经营规划书，解读期初数据（表 5-1-1 和表 5-1-2）。

表 5-1-1　总经理解读期初数据

序号	操作步骤	角色	操作内容
1	了解公司组织机构和岗位设置	总经理	认知
2	阅读并填写企业年度经营规划书	总经理	填写并解读规划书，并与各部门主管明确本阶段的工作任务（表 5-1-1）

（续表）

序号	操作步骤	角色	操作内容
3	与会计师事务所签订代理记账合同	总经理	与会计师事务所沟通记账事宜，确认需提交的材料并签订代理记账合同

表 5-1-2　期初建账

重要指标		目前基本情况	未来发展目标
公司组织结构及岗位设置		____部门、____岗位	____
经营方针及目标	年度经营方针	____	____
	经营目标		收入目标/利润目标/权益目标
市场分析	产品种类及地区	阅读、了解	____
	市场定位	低/中/高档产品	____
	经销渠道	Eg：传统分销渠道	____
	产品定价	已定价产品	待定价产品
	市场份额	____	____
各部门计划安排	采购、仓储	现有库存 现有厂房	拟新增厂房 拟采购货物
	市场部	广告费投放策略	____
	销售部	业绩目标	____
	综合管理部	重点工作及负责人 目前财务情况 筹资方式及费率	____

任务二　购销谈判（制造企业）

一、任务描述

购销谈判的主要任务是做好谈判准备，与客户进行谈判。

销售企业的采购专员根据本公司的销售需求及市场情况，与制造公司就合同主要条款（品名规格、数量、价格、交货期等）进行磋商。

二、情景导入

销售公司的采购专员根据本公司的销售需求，与制造公司客户进行购销谈判。

三、知识储备

1. 购销谈判

购销谈判是指作为买方的企业为采购商品，与卖方厂商对购销业务有关事项，如商品的品种、规格、技术标准、质量保证、订购数量、包装要求、售后服务、价格、交货日期与地点、运输方式、付款条件等进行反复磋商，谋求达成协议，建立双方都满意的购销关系。

2. 购销谈判的三阶段

购销谈判大致划分为三个阶段：计划（表 5-2-1）与准备阶段、面谈阶段、后续收尾阶段。讲到谈判，大多数人总联想到面谈、计划与准备阶段，这三个阶段最关键的。

表 5-2-1　谈判计划书

1. 谈判人员组成及分工

谈判角色	姓名	分工

2. 双方利益及优势分析

____
____
____

3. 谈判目标

____
____
____

4. 程序及具体策略

____
____
____

3．购销谈判的计划与准备阶段的内容

（1）确定谈判目标

（2）认真考虑双方的需要

（3）评估相对实力和弱点

（4）制定谈判策略

4．签订采购合同（表 5-2-2 和本章任务二拓展资料）

表 5-2-2　签订采购合同的操作步骤

序号	操作步骤	角色	操作内容
1	确定供应商（制造公司）并谈判	采购专员	编制谈判计划书（表 5-2-1），与供应商进行沟通，落实意向供应商与意向供应商就供货时间 、数量、价格、结算条件、运输方式等进行磋商，签订购销合同

任务三 采购入库（制造企业）

一、任务描述

采购入库是指制造公司发出的货物抵达销售公司，同时开具了该张采购订单所对应的发票。订单库存管理员负责填写入库单，确认货物入库，登记库存台账。

情景导入：收到制造公司的产品后，销售公司按照采购订单（表 5-3-1）进行入库登记。

二、知识储备

1. 物料验收

物料验收是订单库存管理员按照验收标准和验收业务流程，依据掌握的计量与测试知识及质量检验知识，对入库物料进行数量和质量检验的经济技术活动的总称。

2. 采购入库单用途

采购入库单是指把企业从其他单位采购的原材料或产品入库时所填写的单据。它除了记录物品的编号、名称、规格型号、计量单位、实际验收数量等内容外，还要记录与采购有关的供应商名称、采购订单号等内容。

三、操作流程

客户企业业务主管主要负责接收采购的商品，行政主管负责相关入库验收，按照表 5-3-1 所示的步骤，客户企业完成采购入库。

表 5-3-1 制造公司与销售公司签订购销合同的步骤一览表

序号	操作步骤	角色	操作内容
1	核对发货单、发票及实物	采购主管	1. 接收制造公司发来的产品，附有发货单、发票和实物； 2. 根据采购订单核对发货单和发票及实物； 3. 协助客户订单库存管理员，进行产品验收
2	物料验收	订单库存管理员	1. 根据发货单和检验标准进行质量、数量、包装检测； 2. 根据检验结果填写物料检验单（图 5-3-1）并签字确认； 3. 检验无误，在发货单上签字
3	填写采购入库单	订单库存管理员	1. 根据物料检验单填入入库单（一式三联，图 5-3-2）； 2. 将入库单自留一份，另外两联交采购主管及总经理
4	登记采购合同执行情况表	采购主管	1. 接收到仓库员送来的入库单； 2. 登记采购合同执行情况表； 3. 将发票（发票联和抵扣联）和对应的入库单的财务联送交总经理
5	登记库存台账	订单库存管理员	根据入库单登记库存台账（图 5-3-3）

（续表）

采购订单

制造公司：名称　　采购类别：正常采购

合同编号：××××××　　付款方式：月结

制单日期：×××××　　订单编号：××××××

序号	品名	单位	到货时间	数量	单价	折扣率	金额小计

物料检验单

编号：　　**检验日期：　　年　　月　　日**

<table>
<tr><td>供应商名称</td><td colspan="5"></td></tr>
<tr><td>检验依据</td><td colspan="2"></td><td>到货日期</td><td colspan="2"></td></tr>
<tr><td colspan="6">物料明细</td></tr>
<tr><td colspan="2">物料名称</td><td colspan="2">规格型号</td><td colspan="2">数量</td></tr>
<tr><td colspan="2"></td><td colspan="2"></td><td colspan="2"></td></tr>
<tr><td colspan="2"></td><td colspan="2"></td><td colspan="2"></td></tr>
<tr><td colspan="2"></td><td colspan="2"></td><td colspan="2"></td></tr>
<tr><td colspan="2"></td><td colspan="2"></td><td colspan="2"></td></tr>
<tr><td colspan="4">检验方式：　抽检□　全数检验□</td><td>合格率</td><td></td></tr>
<tr><td colspan="4">检验结果：　合格□　不合格□</td><td>检验结果</td><td></td></tr>
<tr><td colspan="6">不良记录</td></tr>
<tr><td>序号</td><td>数量</td><td colspan="2">不良原因</td><td colspan="2">备注</td></tr>
<tr><td></td><td></td><td colspan="2"></td><td colspan="2"></td></tr>
<tr><td></td><td></td><td colspan="2"></td><td colspan="2"></td></tr>
<tr><td></td><td></td><td colspan="2"></td><td colspan="2"></td></tr>
<tr><td></td><td></td><td colspan="2"></td><td colspan="2"></td></tr>
<tr><td></td><td></td><td colspan="2"></td><td colspan="2"></td></tr>
<tr><td></td><td></td><td colspan="2"></td><td colspan="2"></td></tr>
</table>

主管：　　**质检员：**

图 5-3-1　物料检验单

采购入库单

制单日期：　　　　　　　　　仓　　库：
供应商名称：　　　　　　　　类　　型：
单据编号：　　　　　　　　　采购订单号：

序号	品　名	规格型号	单位	入库时间	数量	备注
1						
2						
3						
4						
5						
合计						

仓储部经理：　　　　　　　　仓管员：

第一联：仓储部

采购入库单

制单日期：　　　　　　　　　仓　　库：
供应商名称：　　　　　　　　类　　型：
单据编号：　　　　　　　　　采购订单号：

序号	品　名	规格型号	单位	入库时间	数量	备注
1						
2						
3						
4						
5						
合计						

仓储部经理：　　　　　　　　仓管员：

第二联：采购部

采购入库单

制单日期：　　　　　　　　　仓　　库：
供应商名称：　　　　　　　　类　　型：
单据编号：　　　　　　　　　采购订单号：

序号	品　名	规格型号	单位	入库时间	数量	备注
1						
2						
3						
4						
5						
合计						

仓储部经理：　　　　　　　　仓管员：

第三联：财务部

图 5-3-2　采购入库单

库存台账

本帐页数
本户页数

物料名称：　　　　规格：　　　　最高存量：

物料编号：　　　　仓位：　　　　最低存量：

年		凭证号数	摘　要	入库		出库		结存	
月	日			数量	单价	数量	单价	数量	单价

图 5-3-3　库存台账

任务四　支付货款

一、任务描述

销售公司与制造公司于2022年×月×日签订了购销合同。依据SX00001合同可知，销售公司应该于2022年××月××日，将×××××元的商品款支付给制造公司。请进行付款业务处理。

三、情景导入

销售公司与制造公司于2022年××月××日签订了购销合同。依据SX00001合同可知，销售公司应该于2022年××月××日，将×××××元的商品款支付给制造公司。请进行付款业务处理。

四、知识储备

支出凭单是支付公司业务上开支的费用，如合同款、房租等大额的款项。如果是小企业，则可以以支出凭单代替费用报销单。差旅费有专用的差旅费报销单，不可用支出凭证代替。

支出凭单本身属于企业内部的一种原始凭证；后面要粘贴外来原始凭证；支出凭单一式一份，财务部留存，作为编制记账凭证的依据。企业对外的结算业务，无论是先借款后报销，还是先个人垫付再报销，报销时都需要填写支出凭单。

五、操作流程（表5-4-1）

表5-4-1　销售公司支付制造企业货款的步骤一览表

序号	操作步骤	角色	操作内容
1	填写支出凭单	采购主管	1．填写支出凭单（图5-4-1）； 2．将填写的支出凭单交给客户总经理审核
2	审核支出凭单	总经理	1．接收客户业务主管送来的支出凭单； 2．审核支出凭单内容填写的准确性和合理性； 3．审核无误，签字
3	签发转账支票	行政主管	1．根据经审核的支出凭单签发转账支票（图1-3-1）； 2．填写支票登记簿（图5-4-2）； 3．将支票交给客户业务主管； 4．将支出凭单及支票根交给客户总经理
4	登记支票登记簿	采购主管	登记支票登记簿
5	接受支票并送交卖方	采购主管	1．接受客户行政主管签发的支票； 2．将转账支票送给卖方以支付货款
6	单据转给总经理	总经理	接收到客户交来的支票根和支出凭单
7	编制记账凭证	行政主管	编制记账凭证（图5-4-3）

支出凭单

部门： 年 月 日 预算项目：

即　付：________________________________

________________________________款

计人民币

（大写）：________________________ ¥ __________

领 款 人：____________

会计主管		出纳	

部门经理： 财务部经理： 总经理：

图 5-4-1　支出凭单

支票登记簿

编制日期： 年 月

日 期	用 途	金 额	支 票 号	部 门	领 用 人

图 5-4-2　支票登记簿

总　第　号

对方科目:　　　　　　　　　　　　　年　月　日　字　第　号

摘要	总账科目	明细账科目	✓	借方金额										贷方金额									
				千	百	十	万	千	百	十	元	角	分	千	百	十	万	千	百	十	元	角	分
合　计																							

附件　张

会计主管　　记账　　出纳　　审核　　制证

图 5-4-3　记账凭证

任务五 编制市场调研策划书

一、任务描述

在实训中通过对一个综合项目的调研，学生对零碎的、单一的、别离的知识有一个整体全面的认识，明白调研需要调查什么，怎么展开一个调研，在脑中形成一个全面、系统的对市场调研的认识。

二、知识导入

这是初步掌握市场调查能力的开始，所以选择实训项目时，要注意项目的典型性、代表性，还要考虑操作性、可行性。

三、任务内容和要求

1. 内容

学生应了解市场调研方案设计含义，明确市场调查方案设计意义；掌握总体方案的根本内容，对调查方案进展可行性研究和评价。

2. 要求

以所在公司商业组织为对象，掌握市场调研方案的制订和实施方法。

四、任务操作步骤

（1）市场调查项目选择
（2）确定调研目的和调查对象
（3）调研策划书的拟定
（4）调查工具设计
（5）搜集第二手资料
（6）设计调查问卷
（7）设计访问提纲和观察提纲
（8）搜集第一手资料
（9）调查资料的整理与分析
（10）撰写市场调研报告

五、任务考核

（1）考核策划书，从策划书的格式、方案创意、可行性、完整性等方面进行考核。（70%）
（2）考核个人在实训过程中的表现。（30%）

模板：

智能平衡车调研策划书

一、前言

二、调研目的

三、调研内容

四、调研对象及抽样

五、调研时间及单位

六、调研方法

七、调研程序及人员安排

智能平衡车调研问卷

要求：请同学根据所学知识，设计一份调研问卷，题目和答案自拟。

1．（单选题）

A　　B　　C　　D

2．（单选题）

A　　B　　C　　D

3．（单选题）

A　　B　　C　　D

4．（单选题）

A　　B　　C　　D

5．（单选题）

A　　B　　C　　D

6．（多选题）

A　　B　　C　　D

7．（多选题）

A　　B　　C　　D

8．（多选题）

A　　B　　C　　D

9．（多选题）

A　　B　　C　　D

10．（多选题）

A　　B　　C　　D

11．（开放题）

12．（开放题）

智能平衡车调研报告

市场调查报告的格式一般由标题、目录、概述、正文、结论与建议、附件等几部分组成。

一、标题

标题和报告日期、委托方、调查方，一般应打印在扉页上。

关于标题，一般要与标题在同一页，把被调查单位、调查内容明确而具体地表示出来，如“关于哈尔滨市家电市场调查报告”。有的调查报告还采用正、副标题形式，一般正标题表达调查的主题，副标题则具体表明调查的单位和问题。

二、目录

如果调研报告的内容、页数较多，为了方便读者阅读，应当使用目录或索引形式列出报告所分的主要章节和附录，并注明标题、有关章节号码及页码。一般来说，目录的篇幅不宜超过一页。

例如：

1．调查设计与组织实施

2．调查对象的构成情况简介

3．调查的主要统计结果简介

4．综合分析

5．数据资料汇总表

6．附录

三、概述

概述主要阐述课题的基本情况，它是按照市场调查课题的顺序将问题展开，并阐述对调查的原始资料进行选择、评价、作出结论、提出建议的原则等。主要包括三方面内容：

第一，简要说明调查目的。即简要地说明调查的由来和委托调查的原因。

第二，简要介绍调查对象和调查内容，包括调查时间、地点、对象、范围、调查要点及所要解答的问题。

第三，简要介绍调查研究的方法。介绍调查研究的方法，有助于使人确信调查结果的可靠性，因此对所用方法要进行简短叙述，并说明选用此方法的原因。例如，是用抽样调查法还是用典型调查法，是用实地调查法还是文案调查法，这些一般是在调查过程中使用的方法。另外，在分析中使用的方法，如指数平滑分析、回归分析、聚类分析等方法都应做简要说明。如果部分内容很多，应有详细的工作技术报告，加以说明补充，附在市场调查报告的最后部分的附件中。

四、正文

正文是市场调查分析报告的主体部分。这部分必须准确阐明全部有关论据，包括问题的提出到引出的结论，论证的全部过程，分析研究问题的方法，还应当有可供市场活动的决策者进行独立思考的全部调查结果和必要的市场信息，以及对这些情况和内容的分析评论。

五、结论与建议

结论与建议是撰写综合分析报告的主要目的。这部分包括对引言和正文部分所提出的主要内容的总结，提出如何利用已证明为有效的措施和解决某一具体问题可供选择的方案与建议。

结论和建议与正文部分的论述要紧密对应，不可以提出无证据的结论，也不要进行没有结论性意见的论证。

六、附件

附件是指调研报告正文包含不了或没有提及，但与正文有关必须附加说明的部分。它是对正文报告的补充或更详尽说明，包括数据汇总表及原始资料背景材料和必要的工作技术报告，如为调查选定样本的有关细节资料及调查期间所使用的文件副本等。

一、标题______________________________

二、目录______________________________

____

____

____

____

____

____

三、概述______________________________

____

____

____

四、正文______________________________

____

____

____

____

____

____

____

____

____

____

____

____

____

五、结论与建议______________________________

____

____

____

____

____

____

任务六　编制广告策划书

一、任务描述

广告策划能提高学生的广告策划动手和实践能力，以及整体广告策划水平，使学生能够把所学的理论知识熟练地应用于实际。学生在学习理论的同时，还应力图通过实训对企业广告活动有一个全面直观的了解。

二、情景导入

通过本实训课程，要求学生在掌握现代广告学的基本理论、基本知识和基本方法的基础上，重点掌握广告策划实训过程中各阶段的方法和技巧，通过对经典影视广告的欣赏和经典广告策划案例的赏析，学习和巩固现代广告策划的有关理论知识，并能够理论联系实际，为某企业产品上市、 产品促销或企业形象进行专业的广告策划，包括广告调查与分析、制订广告目标、确定广告任务、广告媒体策划、编制广告预算、编制广告计划书、广告创意表现，并根据需要完成广告创意作品（主要是平面广告或者 Flash 、动画广告、广播广告）的设计制作，最终编制一份比较翔实全面的广告策划书。

三、知识储备

在销售的过程中，需要把握以下规则：

1. 广告宣传与市场开发

广告宣传：销售公司通过投放广告费取得参加商品交易会入场券，贸易服务公司依据各企业投放的广告费金额及投放区域因素决定选单次序及选单数量。

市场开发：销售公司需要通过投放广告费到区域和在区域中的具体城市开发新市场，获得虚拟商品市场选单资格。广告费按月投放。

2. 销售合同

销售公司与贸易服务公司签订完纸质合同后提交给贸易服务公司。如果贸易服务公司认为存在问题，则选择拒绝。

四、操作流程（表 5-6-1）

表 5-6-1　任务操作步骤

操作步骤	角色	操作内容
与互联网公司沟通签订销售广告策划合同	市场部经理	与互联网公司进行沟通，与互联网公司就广告策划、价格、结算条件、分析等进行磋商，为合同做准备

任务具体要求：

（1）小组报告包括一份完整的广告策划书（3000 字以上、30 分）和以“看《跃上高阶职场》，感受广告策划”为主题的总结（1000 字左右、10 分）；

（2）个人报告包括上述模块二、模块三和模块四的内容（1500 字以上、30 分）；
（3）“经典广告策划案例”小组讨论发言（在实训平时成绩中加分）
注意：
广告策划书交纸质和 PPT 各一份，至少要包含以下内容：
（1）背景（公司简介或产品简介）
（2）市场分析
（3）广告目标
（4）广告主题或者广告定位
（5）广告创意
（6）广告媒介选择
（7）广告预算
（8）广告效果评估

模板：

________________广告策划书

一、品牌名称

____

____

二、名称详解

____

____

三、广告语

____

____

四、产品介绍

____

____

____

____

五、广告对象（目标人群分析）

____

____

____

____

六、广告媒介选择

____

____

七、广告预期目标

____

____

____

____

八、广告活动时间安排

九、广告经费预算方案

十、广告内容设计方案

十一、广告效果评估

任务七 编制营销企划案

一、任务描述

通过实训，学生掌握促销策划的流程与内容，学会进行促销方案设计及实施。

二、知识储备

营销策划是实践性很强的一门课程，通过营销策划实践，培养学生运用营销学理论知识解决企业营销实践问题的能力，掌握营销策划的流程，学会撰写策划书。

三、任务内容和要求

1. 内容

促销策划的程序、活动方案的设计、促销主题设计及促销策划案的具体内容和格式。

2. 要求

以所在公司商业组织为对象，掌握促销活动策划和方案的实施。

四、任务操作步骤

（1）明确营销的目的或必要性
（2）进行市场状况分析和营销效果调查
（3）设计营销目标
（4）营销策略组合设计
（5）行动方案或具体活动安排
（6）营销预算
（7）撰写营销策划书
（8）营销方案的实施

五、任务考核

（1）考核策划书，从策划书的格式、方案创意、可行性、完整性等方面进行考核。（70%）
（2）考核个人在实训过程中的表现。（30%）

模板：

________________营销企划案

一、前言

____

____

____

____

____

____

二、市场状况分析

（宏观分析）______________________________

____

____

____

____

____

____

____

____

（SWOT 分析）

（S）优势	（W）劣势
（O）机会	（T）威胁

（竞争对手分析）______________________________

____

____

（消费群体分析）

三、市场定位和目标市场的选择

四、营销目标

五、营销策略

六、营销预算

任务八　签订购销合同（贸易服务公司）

一、任务描述

购销合同的签订并不仅仅是公司派人盖章那么简单，客户管理员主要负责此任务。客户管理员应按照企业管理制度和客户草拟购销合同，所签订的合同流程表要求相关人员审批、盖章。购销合同不仅为建立双方满意的购销关系而办理的法律手续，也为生产计划提供依据。

二、情景导入

合同样例包含表 5-8-1 所列的订单。

表 5-8-1　订单

产品名称	含税单价	数量	金额（元）	交货日期	付款日期
经济智能平衡车	650	3000	1 950 000	2011-10-28	2011-11-28
经济智能平衡车	650	4000	2 600 000	2011-12-28	2012-01-28
合计			4 550 000		

三、知识储备

1. 购销合同的主要内容

（1）当事人的名称或者姓名、住所。

（2）标的，买卖合同的标的是指买卖双方当事人的权利和义务共同指向的对象、交货数量。

（3）质量要求。对于标的物的质量，国家规定有技术标准的，双方当事人应在合同中写明标的物的技术标准及标准编号和代号；国家没有规定技术标准的，由双方当事人通过商定，在合同中明确约定。

（4）价款。价款的确定，要符合国家的价格政策和价格管理法规；价款的支付，除法律另有规定外，必须用人民币支付；价款的结算，除国家规定允许使用现金者之外，必须通过银行办理转账或票据结算。

（5）履行的期限、地点和方式。履行的期限是指双方当事人履行义务的时间范式。

（6）违约责任。违约责任是指合同当事人由于自己的过错，没有履行或没有完全履行应承担的义务，按照法律和合同的规定应该承担的法律责任。违约责任的具体条款，当事人可以依据合同法在合同中进一步约定。

（7）解决争议的方法。合同法规定解决合同争议的方法有和解、调解、仲裁和诉讼四种。

2. 购销合同注意事项

购销合同在书定时，不能有任何涂改；购销合同中，首页的甲乙方当事人与最后一页甲乙方当事人，需要保持一致；购销合同盖章（图 5-8-1）时，合同专用章和法人章不能重叠；购销合同必须盖骑缝章（为防止合同篡改）。

合同盖章示例

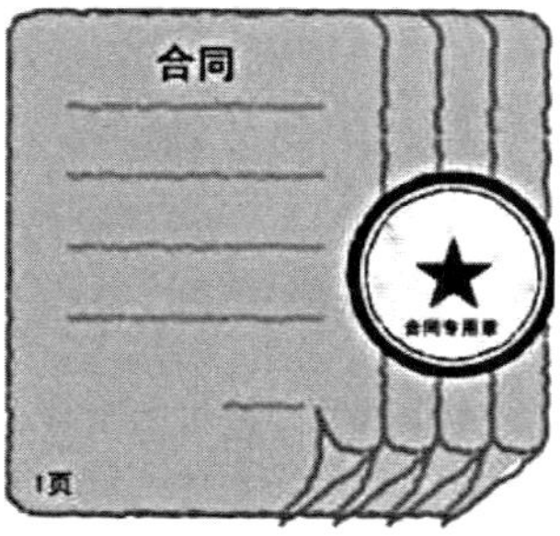

骑缝章示例

图 5-8-1 合同盖章

四、操作流程

客户管理员主要负责与客户沟通销售合同的细节内容，按照公司制度审批及报备购销合同。按照表 5-8-2 所示步骤，销售企业与客户签订购售合同。

表 5-8-2 销售企业与贸易服务公司签订购销合同的步骤一览表

序号	操作步骤	角色	操作内容
1	拟定销售合同	销售经理	1．客户管理员根据销售计划与客户沟通销售合同细节内容； 2．起草购销合同，一式两份（第四章任务二拓展资料）
2	填写合同会签单	销售经理	1．填写合同会签单（图 5-8-2）； 2．将购销合同和合同会签单送交行政主管审核
3	审核购销合同	行政主管	1．接收客户管理员送来的购销合同及合同会签单； 2．审核购销合同的准确性和合理性； 3．在合同会签单上签字确认
4	审批购销合同	总经理	1．接收客户管理员送来的购销合同及合同会签单； 2．审核市场经理是否审核签字； 3．审核购销合同的准确性和合理性； 4．在合同会签单上签字； 5．在购销合同上签字； 6．总经理签完后交给市场经理
5	合同盖章	行政主管	1．市场经理把审核过的购销合同和合同会签单交给客户管理员； 2．客户管理员把购销合同和合同会签单交给行政助理； 3．行政助理检查合同会签单是否签字； 4．行政助理给合同盖章； 5．行政助理将盖完章的购销合同还给客户管理员
6	登记销售订单明细表	销售经理	客户管理员根据购销合同内容将销售订单信息登记在销售订单明细表中（图 5-8-3）
7	购销合同存档	行政主管	1．行政助理收到购销合同； 2．行政助理更新合同管理表； 3．行政助理登记完，把购销合同留存备案

合同会签单

单据编号：　　　　　　　　　　　　会签日期：　　年　　月　　日

<table>
<tr><td rowspan="2">送签部门</td><td rowspan="2"></td><td rowspan="2">签约人：</td><td rowspan="2">承办人：</td><td>电　话：</td></tr>
<tr><td>E-mail:</td></tr>
<tr><td>合同名称</td><td colspan="2"></td><td>对方单位</td><td></td></tr>
<tr><td>合同主要内　容</td><td colspan="2"></td><td>合同金额（大写）</td><td></td></tr>
<tr><td>业务部门审批意见</td><td colspan="4">部门经理：　　　　　　　　日期：</td></tr>
<tr><td>财 务 部审批意见</td><td colspan="4">财务经理：　　　　　　　　日期：</td></tr>
<tr><td>总 经 理审批意见</td><td colspan="4">总 经 理：
（付款金额1万以上的由总经理审批）　　日期：</td></tr>
<tr><td>争议解决</td><td colspan="4"></td></tr>
<tr><td>归档情况</td><td colspan="4"></td></tr>
</table>

图 5-8-2　合同会签单

销售订单明细表

单位：元

销售合同编号	订单号	客户名称	产品名称	市场	数量	单位	单价	合同约定交货期	合同约定回款期	货款额

编制人：　　　　　　　　　　　　编制日期：　　年　　月

说明：一式一联，销售部存。

图 5-8-3　销售订单明细表

任务九 货 款 回 收

一、任务描述

销售实现之后，客户管理员需要按照购销合同的约定期限跟踪催促货款的收回。客户通过转账支票的方式进行付款，公司出纳员前往银行送存转账支票，财务部做账务处理。

二、情景导入

销售公司于2022年××月××日签订了购销合同。依据SX00001合同可知，销售公司于2022年××月××日收到贸易服务公司×××元的商品款。请进行收款任务处理。

三、知识储备

银行进账单是持票人或收款人将票据款项存入其开户银行账户的凭证，也是开户银行将票据款项记入持票人或收款人账户的凭证，一式三联，分别为贷方凭证、回单、收账通知。

持票人填写银行进账单时，必须清楚地填写票据种类、票据张数、收款人名称、收款人开户银行及账号、付款人名称、付款人开户银行及账号、票据金额等栏目，并连同相关票据一并交给银行经办人员。对于二联式银行进账单，银行受理后，银行应在第一联上加盖转讫章并退给持票人，持票人凭以记账。把支票存入银行后，支票就留在银行了，但银行会给企业出具一个进账单，企业根据进账单记账，说明支票上的款项已划到企业的银行存款账号。

四、操作流程

销售经理主要负责在客户处取得货款，财务部完成货款回收，按照表5-9-1所示步骤完成。

表5-9-1 销售公司回收贸易服务公司的步骤一览表

序号	操作步骤	角色	操作内容
1	填制发货单	销售经理	1. 根据销售订单明细表和发货计划表填制发货单（图5-9-1）； 2. 报部门经理和财务部经理审核
2	审核发货单	市场部 经理 总经理	1. 根据销售订单明细表审核发货单，确认客户名称、产品名称、型号等重要项的填写； 2. 发货单签字，将审核完的发货单交还给销售经理； 3. 销售经理留存发货单第一联，将第二联送仓储部，第三联送财务部； 4. 财务部审核发货单并签字
3	填制销售出库单	订单库存 管理员	1. 根据发货单填制销售出库单（图5-9-2）； 2. 请销售经理签字确认； 3. 办理出库手续
4	区块链公司代开增值税专用发票 填制记账凭证	区块链 公司	1. 从销售经理处获取出售的销售价格； 2. 根据销售出库单，结合销售合同，开具销售发票（图5-9-3）； 3. 根据开具的发票填制记账凭证
5	接收支票	销售经理	接收客户交付的转账支票

（续表）

序号	操作步骤	角色	操作内容
6	填写进账单	销售经理	填写银行进账单（图 5-9-4）
7	银行转账（支票）	银行	1．银行柜员接收进账单和转账支票； 2．银行柜员进行转账操作； 3．银行柜员在进账单上加盖转讫印章，将回单联退还给客户
8	把进账单交给行政主管	行政主管	1．接收销售经理送来的银行进账单回单； 2．编制记账凭证（图 5-9-5）； 3．将附件粘贴到记账凭证后面； 4．将记账凭证交给总经理，由其审核

发 货 单

单 据 编 号：　　　　日　　期：　　　　交货日期：
销售订单号：　　　　客户名称：　　　　仓　　库：
业　务　员：　　　　运输方式：　　　　联 系 人：

产 品 名 称	产品型号	发货数量	备　注
合　计			

第一联：营销部留存

营销部经理：　　　　账务部经理：　　　　客户确认：

发 货 单

单 据 编 号：　　　　日　　期：　　　　交货日期：
销售订单号：　　　　客户名称：　　　　仓　　库：
业　务　员：　　　　运输方式：　　　　联 系 人：

产 品 名 称	产品型号	发货数量	备　注
合　计			

第二联：仓储部留存

营销部经理：　　　　账务部经理：　　　　客户确认：

图 5-9-1　发货单

发 货 单

单据编号：　　日　　期：　　交货日期：
销售订单号：　　客户名称：　　仓　　库：
业 务 员：　　运输方式：　　联 系 人：

产品名称	产品型号	发货数量	备　注
合　计			

第三联：财务部留存

营销部经理：　　账务部经理：　　客户确认：

发 货 单

单据编号：　　日　　期：　　交货日期：
销售订单号：　　客户名称：　　仓　　库：
业 务 员：　　运输方式：　　联 系 人：

产品名称	产品型号	发货数量	备　注
合　计			

第四联：客户留存

营销部经理：　　账务部经理：　　客户确认：

图 5-9-1　发货单（续）

销售出库单

销售订单号：　　客户名称：　　出库类型：
出库单编号：　　出库日期：　　仓　　位：

序号	产品名称	产品编号	规格型号	出库数量	备 注
1					
2					
3					
4					
5					
合计					

第一联：仓储部存根

仓管员：　　仓储部经理：　　销售专员：

图 5-9-2　销售出库单

销售出库单

销售订单号：　　　　　客户名称：　　　　　出库类型：

出库单编号：　　　　　出库日期：　　　　　仓　　位：

序号	产品名称	产品编号	规格型号	出库数量	备 注
1					
2					
3					
4					
5					
合计					

第二联：销售部

仓管员：　　　　　仓储部经理：　　　　　销售专员：

销售出库单

销售订单号：　　　　　客户名称：　　　　　出库类型：

出库单编号：　　　　　出库日期：　　　　　仓　　位：

序号	产品名称	产品编号	规格型号	出库数量	备 注
1					
2					
3					
4					
5					
合计					

第三联：财务部

仓管员：　　　　　仓储部经理：　　　　　销售专员：

图 5-9-2　销售出库单（续）

新商科增值税教学单据（专用）

新商科税务局

记账联

No

开票日期：

购货单位	名　　称： 纳税人识别号： 地 址、电 话： 开户行及账号：	密码区	022*5897+71>+60-97*21+7*+31>0931-946 *98161*4518/4/30429784>63545+95>-//+ 0606*>8<>0215/5</*0791657-321-36<+0- *4>*/33-2*//56677201>0>2824>-4*47*5<

货物或应税劳务名称	规格型号	单 位	数 量	单 价	金 额	税率	税 额
	样			张			
合　计							
价税合计（大写）					（小写）		

销货单位	名　　称： 纳税人识别号： 地 址、电 话： 开户行及账号：	备注	

收款人：　　　　复核：　　　　开票人：　　　　销货单位：(章)

第一联：记账联 销货方记账凭证

图 5-9-3　增值税专用发票——销售发票

新商科增值税教学单据（专用）

抵扣联

No

开票日期：

购货单位	名　　称： 纳税人识别号： 地 址、电 话： 开户 行及账号：				密码区	022*5897+71>+60-97*21+7*+31>0931-946 *98161*4518/4/30429784>63545+95>-//+ 0606*>8<>0215/5</*0791657-321-36<+0- *4>*/33-2*//56677201>0>2824>-4*47*5<		
货物或应税劳务名称	规格型号	单 位	数 量	单 价	金　额	税率	税　额	
合　计								
价税合计（大写）					（小写）			
销货单位	名　　称： 纳税人识别号： 地 址、电 话： 开户 行及账号：				备注			

收 款 人：　　　复 核：　　　开 票 人：　　　销 货 单 位：(章)

第二联：抵扣联 购货方扣税凭证

新商科增值税教学单据（专用）

发票联

No

开票日期：

购货单位	名　　称： 纳税人识别号： 地 址、电 话： 开户 行及账号：				密码区	022*5897+71>+60-97*21+7*+31>0931-946 *98161*4518/4/30429784>63545+95>-//+ 0606*>8<>0215/5</*0791657-321-36<+0- *4>*/33-2*//56677201>0>2824>-4*47*5<		
货物或应税劳务名称	规格型号	单 位	数 量	单 价	金　额	税率	税　额	
合　计								
价税合计（大写）					（小写）			
销货单位	名　　称： 纳税人识别号： 地 址、电 话： 开户 行及账号：				备注			

收 款 人：　　　复 核：　　　开 票 人：　　　销 货 单 位：(章)

第三联：发票联 购货方记账凭证

图 5-9-3　增值税专用发票——销售发票（续）

ICBC 中国工商银行 进账单（贷方凭证）　　1

年　　月　　日

出票人	全　称		收款人	全　称	
	账　号			账　号	
	开户银行			开户银行	
金额	人民币（大写）				千 百 十 万 千 百 十 元 角 分
票据种类		票据张数			
票据号码					
备注：				复核　　记账	

此联由收款人开户银行作贷方凭证

图 5-9-4　进账单

ICBC 中国工商银行 进账单（回　单）　**2**

年　　月　　日

出票人	全　称		收款人	全　称	
	账　号			账　号	
	开户银行			开户银行	

金额	人民币（大写）	千	百	十	万	千	百	十	元	角	分

票据种类		票据张数	
票据号码			
复核　记账			开户银行签章

此联是开户银行交给持（出）票人的回单

ICBC 中国工商银行 进账单（收账通知）　**3**

年　　月　　日

出票人	全　称		收款人	全　称	
	账　号			账　号	
	开户银行			开户银行	

金额	人民币（大写）	千	百	十	万	千	百	十	元	角	分

票据种类		票据张数	
票据号码			
复核　记账			收款人开户银行签章

此联是收款人开户银行交给收款人的收账通知

图 5-9-4　进账单（续）

总　第　号

对方科目：　　　　年　月　日　字　第　号

摘要	总账科目	明细账科目	✓	借方金额										贷方金额									
				千	百	十	万	千	百	十	元	角	分	千	百	十	万	千	百	十	元	角	分
合　计																							

附件　　张

会计主管　　记账　　出纳　　审核　　制证

图 5-9-5　记账凭证

任务十　销售数据分析

一、任务描述

数据分析可以保障销售场所门店的正常运作。在运作中我们能够通过数据的改变及时发现问题，然后进行交流，保证数据的及时性、准确性，做到双方或者是多方之间的有效沟通。这对公司的发展、维护以及盈利等有很重要的地位。因此，在公司的运作发展中，尤其是各种销售型公司中，掌握销售数据分析的思路是非常具有实用性的。

二、情景导入

根据销售数据分析，我们可以及时跟进计划中每一步的具体细节的执行情况，及时分析和改进数据有误的地方，这样能够更好地保障任务的完成。尤其是针对各种销售目标的制订，能够帮助销售人员分析在销售过程中出现的问题，结合数据及时提供问题的解决对策等。

三、知识储备

销售数据分析的主要含义就是对原始数据库中的数据进行归纳整理的过程，将全部的数据整合成一个可以随时查看的数据集合。通过这些数据，我们可以在公司的后期营销中发现规律的所在之处，能够更好且及时地调整发展战略，快速地做出最有利于发展的市场决策。

四、操作步骤（表 5-10-1）

表 5-10-1　签订销售数据分析合同的操作步骤

操作步骤	角色	操作内容
与大数据公司沟通并签订销售数据分析合同	销售部经理	与大数据公司进行沟通，落实分析需求、建议策略、价格、结算条件、分析等问题，为合同做准备

第三篇　新金融实训

第六章　互联网金融环节

任务一　区块链公司——区块链电子发票（销售公司）

一、任务描述

销售公司得知票链成功上线后，积极申请加入票链，让消费者都能享受到区块链电子发票带来的便捷性，节省了公司的人力成本。

二、情境导入

区块链作为最前沿的技术，正在引领全球新一轮技术和产业变革。××市税务部门一直致力于区块链技术在税务领域的探索与应用，取得了积极的成效。

开票方和受票方通过授权后都可以自主加入票链网络，建立可靠的互信关系。每一张发票都可以做到可查可验、可信可追溯，并对发票流转全过程进行管理，让发票数据全场景流通成为现实，成功破解传统电子发票存在的安全隐患、信息孤岛、数据篡改、重复报销、监管难度大等痛点问题。

三、操作流程

1. 角色分配（表 6-1-1）

承担本团队临时队长角色身份的同学，与团队成员协商后进行角色分配，讨论完成后由队长执行分配。

表 6-1-1　角色分配

角色身份	人数
采购主管	1
会计	1
财务总经理	1

2. 角色上岗

承担不同角色身份的同学分别上岗（表 6-1-2），明确自身的岗位职责，并由组长填写小组岗位分工情况记录表（表 6-1-3）。

表 6-1-2　角色的岗位职责

角色身份	岗位职责
采购主管	销售公司所需要的货物
会计	进行区块链电子发票的开具
财务总经理	代表企业进行区块链电子发票申请

表 6-1-3　小组岗位分工情况记录表

序号	岗位	姓名（学号）	备注
1	采购主管		
2	会计		
3	财务总经理		

3. 销售企业实名注册

请打开××市税务局网页，完成实名注册（图 6-1-1）。

注：注册信息可虚拟，但格式要符合填写项的正确格式，注册后信息不可更改。同学们填写完注册信息后，绑定相关企业，完成注册。

企业注册实名账户

姓名：

身份证件号码：

密码：

邮箱地址：

手机号码：

图 6-1-1　企业实名注册

4. 申领区块链电子发票

绑定成功后，同学们进入区块链电子发票申请开通的流程（图 6-1-2），并根据文件夹中的企业信息填写"区块链电子发票申请"表。

区块链电子发票申请

企业名称

纳税人识别号

企业地址

开户银行

开户账户

企业电话

图 6-1-2　区块链电子发票申请

5. 选择开票模式

（1）"代理开票"模式适合中小商户，"自主开票"模式适合有自主开发能力的大型企业。在本案例中，销售企业自主开发了开票系统。

（2）开票模式选择完成后，查看“密钥管理”中的密钥（表 6-1-4）。

表 6-1-4　开票密钥

公钥	0231745ADAE24044FF09C3541537160ABB8D5D720275BBAEED0B3D035
私钥	8D969EEF6ECAD3C29A3A629280E686CF0C3F5D5A86AFF3CA12020C923

（3）请回答下列两个问题。

①对此密钥作用说法正确的是（　　）。

A．登录区块链电子发票平台

B．授权给个人消费者进行验票

C．拥有控制该密钥是能够替该企业开票的必要条件之一

②公钥和私钥在区块链电子发票上的应用是（　　）。

A．私钥对开具的发票进行签名，税务局可以利用公钥进行验签

B．公钥对开具的发票进行签名，税务局可以利用私钥进行验签

6．新增开票员

该公司已经上线了自主研发的票链平台，并与区块链电子发票系统完成对接，但想要进行发票开具，还需在系统中增加开票人账户。请进入票链平台，为公司会计新增开票人账户。

7．公司会计登录票链平台

财务总经理为你开通开票员账号，开通后会以短信的形式通知你，在接到短信后，请登录票链平台。

8．采购员商品采购

采购员根据文件夹中的采购商品信息进行采购。

9．采购员申请开票

采购完成后，采购主管填写采购信息表（表 6-1-5），并根据文件夹中的信息进行发票的开具申请。

表 6-1-5　采购信息表

序号	商品名称	商品型号	单价	数量

10．公司会计开具发票

接收到开票请求时发票系统会出现购买方信息，请从文件夹中获取商品信息进行发票填写并开票（表 6-1-6 和图 6-1-3）。

表 6-1-6 开票信息

项目名称	
规格型号	
单位	
数量	
单价	
金额	
税率	

新商科通用机打发票（电子）

新商科税务局
发票教学专用

购买方	名　　称： 纳税人识别号： 地 址 、电 话： 开户行及账号：								
序号	项目名称	规格型号	单位	数量	单价(含税)	金额(含税)	税率	税额	折扣
合　计									
价税合计(大写)							(小写)		
销售方	名　　称： 纳税人识别号： 地 址 、电 话： 开户行及账号：					备注			

收款人：　　复核：　　开票人：

图 6-1-3 开具发票

11. 采购主管查看发票

采购主管收到发票后请仔细检查发票信息（表 6-1-7）并与公司信息相核对，发现错误后请在商城通过客服反馈错误。

表 6-1-7 发票信息

发票类型	增值税普通电子发票	增值税普通发票	增值税专用发票
发票抬头			
纳税人识别号			
发票金额			
电子发票邮寄地址			
手机			
邮箱			

12. 采购主管申请发票重开

采购员与客服沟通并申请发票重开。

13. 会计人员发票红冲

（1）请等待新的开票请求，红冲发票请求会通过邮件的形式通知会计人员。会计人员根据邮件内容进行红冲操作并重新开具新的发票。发票上链后即可在区块链浏览器上查看交易哈希，并回答相关问题。

（2）回答下列相关问题

此时，已累计开票金额为多少元，税额合计为多少元？

A．0 元，0 元

B．33 900 元，3900 元

C．16 950 元，1950 元

14. 会计人员重开发票（表 6-1-8 和图 6-1-4）

表 6-1-8 开票信息

项目名称	
规格型号	
单位	
数量	
单价	
金额	
税率	

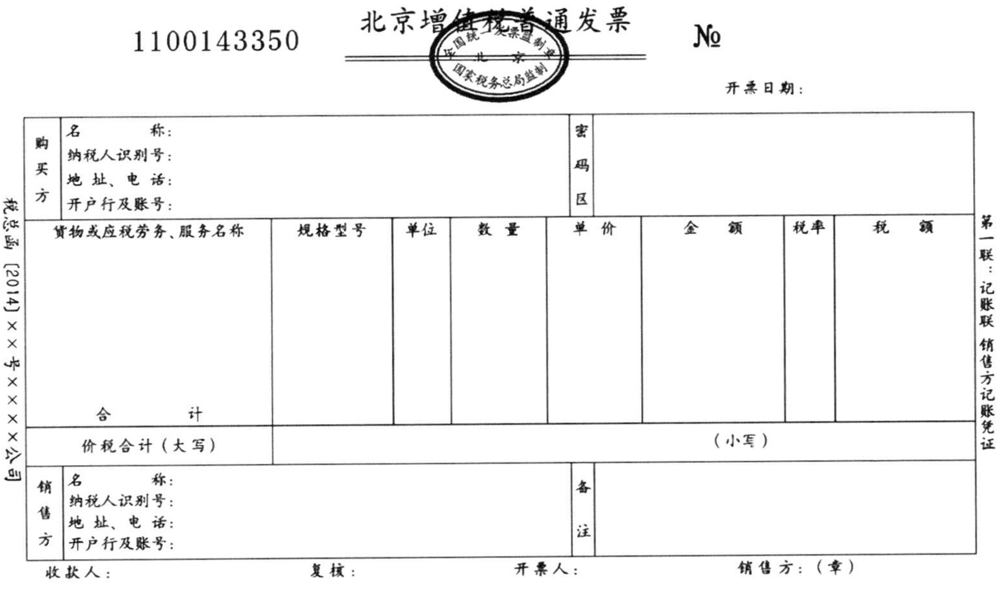
1100143350 北京增值税普通发票 №

开票日期：

购买方 名称： 纳税人识别号： 地址、电话： 开户行及账号： 密码区

货物或应税劳务、服务名称	规格型号	单位	数量	单价	金额	税率	税额
合计							
价税合计（大写）					（小写）		

销售方 名称： 纳税人识别号： 地址、电话： 开户行及账号： 备注

收款人： 复核： 开票人： 销售方：（章）

税总函［2014］××号××××公司

第一联：记账联 销售方记账凭证

图 6-1-4 新开的发票

15. 采购主管收到发票

16. 采购员查验发票

反馈错误后，请等待新的发票，新发票会以邮件的形式发送给采购员。采购员收到后请仔细检查发票信息并与公司信息相核对，无误后请通过“发票查询”应用进行发票查验（表 6-1-9）。

表 6-1-9　查验发票

发票代码	
发票号码	
开票方识别号	
校验码	

任务二 区块链公司——区块链国际贸易（销售公司、银行）

一、任务描述

感受区块链国际贸易，熟悉区块链国际贸易流程。

二、情境导入

中国××银行研发的区块链贸易平台已经成功上线并投入市场，该平台通过区块链技术应用实现信用证、福费廷、国际保理等贸易金融业务交易信息的传递、债权的确认及单据的转让全电子化流程，弥补相关系统平台缺失，规避非加密传输可能造成的风险，提高业务处理效率。

中国××银行、中国××销售公司，英国××公司、英国××银行已经加入区块链贸易平台中，并完成了第一笔在区块链贸易平台上进行的信用证交易。在这笔跨境贸易中，中国××销售公司向英国××公司出口一批智能平衡车。

三、操作流程

1. 角色分配

承担本团队临时队长角色身份的同学，与团队成员协商后进行角色分配（表 6-2-1），讨论完成后由队长执行分配。

表 6-2-1 角色分配

角色身份	人数
中国××销售公司单证员	1
英国××公司单证员	1
中国××银行业务员	1
英国××银行业务员	1

2. 角色上岗

承担不同角色身份的同学分别上岗（表 6-2-2），并由组长填写小组岗位分工情况记录表（表 6-2-3）。

表 6-2-2 角色岗位职责

角色身份	岗位职责
中国××销售公司单证员	进行合同的制定、整理和审核各种单证并能及时准确与货代公司联系，装箱发货
英国××公司单证员	进行合同的签订和信用证的申请，能整理和审核各种单证
中国××银行业务员	进行信用证的审核和垫付
英国××银行业务员	进行信用证申请的审核和开立

表 6-2-3　小组岗位分工情况记录表

序号	岗位	姓名（学号）	备注
1	中国××销售公司单证员		
2	英国××公司单证员		
3	中国××银行业务员		
4	英国××银行业务员		

3. 中国××销售公司单证员填写销售确认书（表 6-2-4）

中国××销售公司与英国××公司双方就报价达成意向后，需签订购货合同，请根据文件夹内的贸易信息进行合同的创建填写。合同填写完成后，请等待的英国××公司签订以及英国××银行开立信用证。收到信用证后，中国××销售公司单证员进行提单的获取；获取提单后，确认发货；确认发货后，等待银行转账。

表 6-2-4　销售确认书

合同号	
日期	
买方	
买方地址	
卖方	
卖方地址	
买卖双方同意就成交下列商品订立条款	
货物名称及规格	
数量（个）	
单价（USD）	
金额（USD）	
总值（USD）	
装运港	
目的港	
装运期限	收到可以转船及分批装运的信用证 30 天内装出
包装	
支付方式	○ L/C　○ DA　○ DP　○ TT
保险	买方承担
备注	

卖方签署（　　　　　　）

4. 英国××公司单证员签订合同

英国××公司收到中国××销售公司的单方签署合同，进行合同的签署，并回答相关问题。

如果取消签约，则以下交易框里输入输出显示正确的为（　）。

A．合同（卖方签署）

B．合同（签约成功）

C．合同（买方签署）

D．合同（取消签约）

5．英国××公司单证员申请信用证（表 6-2-5）

表 6-2-5　信用证开立申请书

致：（开证行）	
申请日期（参考格式：2020-01-01）	
信用证截止日（参考格式：2020-01-01）	
申请人名称	
受益人名称	
申请人地址	
受益人地址	
通知行	
金额	
分批装运	
转运	
装运港	
最迟装运日期（参考格式：2020-01-01）	
目的港	
信用证种类	
付款方式	
货物描述	
货物名称及规格	
数量（个）	
单价（USD）	
所需单据	
○海运提单	
○商业发票	
○装箱单	
○数量/重量证书	
○保险单	
○品质证书	
附加条款：	
1．开证行以外的所有银行费用由受益人承担	
2．所需单据须在运输单据出具日后 15 天内提交，但不得超过信用证有效期	
申请人（　　　　）	

在区块链信用证下，受益人将承担（　　）额外的银行费用？

A．信用证通知费

B．Swift 电报费

C．无其他额外银行费用

6．英国××银行业务员审核信用证

收到××集团的信用证申请，请进行审核。

7．英国××银行业务员开立信用证

审核通过后，请根据文件夹内的贸易信息进行信用证的开立（表 6-2-6）。中国××销售公司单证员、中国××银行业务员，英国××公司单证员随即收到信用证。

表 6-2-6　信用证开立

开证日期	2020-09-01
信用证号	CTIS002
开证申请人名称	
受益人名称	
开证申请人地址	
受益人地址	
开证人账号	
受益人账号	
开证人开户行	
受益人开户行	
币别	
金额	
信用证截止日（参考格式：2020-01-01）	
通知行名称	
通知行行号	
分批装运转运	
转运	
装运港	
最迟装运日期（参考格式：2020-01-01）	
目的港	
信用证种类	
货物描述	
货物名称及规格	
数量（个）	
单价（USD）	

（续表）

所需单据
○海运提单
○商业发票
○装箱单
○数量/重量证书
○保险单
○品质证书
其他条款：
1．开证行以外的所有银行费用由受益人承担；
2．所需单据须在运输单据出具日后 15 天内提交，但不得超过信用证有效期
本信用证为不可撤销、不可转让信用证。我行保证在收到单证相符的单据后履行付款的责任
开证行：（　　　　　）

8．中国××销售公司单证员获取提单

收到信用证开立后，中国××销售公司单证员进行提单的获取（表 6-2-7）。

表 6-2-7　海运提单

托运人	
地址	
提单号	591 174 561
收货人	
地址	
被通知人	
船名	志远
船号	CT206
始发港	
目的港	
货物名称及规格	
件数（个）	
包装	
毛重（KGS）	
尺寸（CBM）	
签发日期	
装船日期	

9. 中国××销售公司单证员确认发货
10. 中国××银行业务员垫付给中国××销售公司并获得提单
11. 英国××银行业务员垫付给中国××银行并获得提单
12. 英国××公司业务员还款英国××银行并获得提单

任务三　区块链公司——区块链保险（制造、销售公司、银行）

一、任务描述

分别体验互联网航空延误险和区块链航空延误险的操作流程，感受区块链保险的便捷。

二、情境导入

中国××银行的保险业务正在使用以太坊公有区块链为航空旅客提供自动航班延迟赔偿。若制造企业和销售企业员工出差航班延迟超过 2 小时，“智能合约”保险产品将会向乘客进行直接的自动费用偿还。该类保险为航班延误提供参数化保险。

三、操作流程

1. 角色分配

承担本团队临时队长角色身份的同学，与团队成员协商后进行角色分配（表 6-3-1），讨论完成后由队长执行分配。

表 6-3-1　角色分配

角色身份	人数
制造公司/销售公司总经理	1
银行客户经理	1

2. 角色上岗

承担不同角色身份的同学分别上岗（表 6-3-2），并由组长填写小组岗位分工情况记录表（表 6-3-3）。

表 6-3-2　角色岗位职责

角色身份	岗位职责
制造公司/销售公司总经理	出差洽谈业务
银行客户经理	区块链合约监控

表 6-3-3　小组岗位分工情况记录表

序号	岗位	姓名（学号）	备注
1	制造公司/销售公司总经理		
2	银行客户经理		

3. 请根据文件夹里的制造公司/销售公司总经理与机票提供的信息填写保险内容（表6-3-4）

表 6-3-4　互联网航空延误险——保险内容

延误 30～60 分钟 100 元
在保单生效日当天，被保险人实际搭乘的某一航段，非因本人原因或责任免除约定的情形发生延误 30 分钟（含）至 60 分钟（不含），总计赔付 100 元
延误 60～120 分钟 200 元
在保单生效日当天，被保险人实际搭乘的某一航段，非因本人原因或责任免除约定的情形发生延误 60 分钟（含）至 120 分钟（不含），总计赔付 200 元
延误 120 分钟以上 300 元
在保单生效日当天，被保险人实际搭乘的某一航段，非因本人原因或责任免除约定的情形发生延误 120 分钟（含）以上，总计赔付 300 元
被投保人姓名：
身份证号码：
生效日期：
保险期限：1 天

4. 互联网航空延误险——制造公司/销售公司总经理模拟延误并与银行客服沟通

5. 互联网航空延误险——航班延误险证明办理（图 6-3-1 和表 6-3-5）

航空延误证明

我们证实：

购票证件为 3310**********0017 的张××旅客计划乘坐的 2020 年 9 月 1 日从北京至成都的国航 CA××××航班，不能按时起飞，由于天气原因延误。

具体航程信息如下：

航班计划起飞时间 2020-09-01　12:30

航班计划到达时间 2020-09-01　15:30

航班实际起飞时间 2020-09-01　13:34

航班实际到达时间 2020-09-01　16:42

中国××航空股份有限公司

2020 年 9 月 2 日

图 6-3-1　航空延误证明

表 6-3-5 航班延误/取消证明办理

旅客姓名：
购票身份证：
航班号：

6. 互联网航空延误险——申请理赔及保单查询（表 6-3-6）

表 6-3-6 互联网航空延误险申请理赔单

乘机人姓名：
身份证：
航班号：
原定航班登机牌/行程单：
航班延误证明材料：

7. 互联网航空延误险——银行客户经理审核理赔

请对乘客的理赔申请进行审核和赔付，收款账户和赔付金额可根据文件夹里的信息进行填写。

8. 互联网航空延误险——银行客户经理理赔

制造公司/销售公司总经理收到理赔申请。请对乘客的理赔申请进行审核和赔付，收款账户和赔付金额可根据文件夹里的信息进行填写（表 6-3-7）。

表 6-3-7 保单管理中心——理赔赔付

理赔申请：航空延误险
付款账户：
收款姓名：
收款账户：
赔付金额：　　　　元

9. 区块链航空延误险——制造公司/销售公司总经理投保（表 6-3-8 和表 6-3-9）

表 6-3-8　投保信息

航班号：
出发日期：（例如，2020-01-01）
起飞时间：（例如，18：00）
达到时间：（例如，19：00）
出发地：
达到地：

表 6-3-9　区块链航空延误险——保险内容

延误 30～60 分钟自动赔付 100 元
延误 60～120 分钟自动赔付 200 元
延误 120 分钟以上自动赔付 300 元
保费总额：50.00 元
保险受益人为法定受益人
查看《投保须知》《保险条款》《区块链平台服务协议》

10. 区块链航空延误险——飞机延误收到理赔

区块和交易详情见表 6-3-10 所列。

表 6-3-10　区块和交易详情

区块详情
区块哈希：33D98C836268160A3A68E124A1C63F1D[redacted]196
出块时间：2020-08-31 15：05：00
区块高度：1
上一个区块哈希：00000000000000000000000000000000
交易数量：1
交易详情
交易哈希： 0x2e2991df2af87aadcf6ac87e002777a2caa7242d1889c2542d74c76[redacted]b8
状态：成功

11. 区块链航空延误险——银行客户经理监控合约（图 6-3-2）

区块链延误险监控

资金池总额：¥ 9850　　　　已赔付总额：¥ 700

#	保单号	航班号	保费	保额	合约状态
1	0x24762ed3924...	CA4102	¥ 50	¥ 200	已赔付
2	0x1166965e5cf(...	MU2302	¥ 50	¥ 300	已赔付
3	0xf33e575e1179...	U8885	¥ 50	¥ 100	已取消
4	0xa7688e21d71...	CA3301	¥ 50	¥ 200	已赔付

图 6-3-2　区块链延误险监控

12. 区块链航空延误险——区块链浏览器查询并总结（图 6-3-3 和图 6-3-4）

区块数(2)

区块信息

区块高度	出块时间	区块哈希
002	2020-09-01 16:45:00	2E815CAFCD6A517161D2D2AB7666523B B17FDBF3
001	2020-08-31 15:05:00	33D98C836268160A3A68E124A1C63F1D D33DE196

交易信息

交易哈希	所在区块	交易时间
0x0899e75763da676182712a4e7206ae67 9b4d404cc3a585068c36d09fd57b3793	002	2020-09-01 16:43:00
0x2e2991df2af87aadcf6ac87e002777a2ca a7242d1889c2542d74c76312cfd9b8	001	2020-08-31 15:01:00

图 6-3-3　区块链浏览器查询并总结

区块链航空延误险实训总结

1.提升了航空公司和保险机构的理赔效率，减少了管理成本。

2.自动化完成赔付，优化了用户的投保体验。

3.投保与理赔金额公开透明，提升用户对保险机构的信任。

4.投保合约上链，避免了虚假保单的发生。

图 6-3-4　区块链航空延误险实训总结

任务四　证券公司——开户业务（制造企业和销售公司）

一、任务描述

制造企业和销售公司根据下列流程进行开户业务办理。

二、情境导入

制造企业和销售公司从自身长远发展的角度出发，将企业部分利润进行证券投资，既可实现科学的资金规划，又达到合理避税的目的。

1. 制造企业和销售公司开立证券账户的步骤

制造企业和销售公司需提前与证券公司的客户经理进行预约，提前协商好证券交易的佣金。制造企业和销售公司开立证券账户的步骤如下所示。（1）公司最新年度经年检的营业执照副本及正本原件、复印件（已三证合一）。

（2）公司法人代表证明书原件（图 6-4-1）。

法 定 代 表 人 证 明 书（存根）

同志现任我单位　　　　　　职务，为法定代表人，特此证明。

单位公章

年　　月　　日

法 定 代 表 人 证 明 书

同志现任我单位　　　　　　职务，为法定代表人，

特此证明

附：我方情况：

营业执照号码：　　　　经济性质：　　　　注册资金：

核准经营（生产）范围：　　主营（产）：　　　兼营（产）：

法人代表工作证号码：

单位公章

年　　月　　日

图 6-4-1　公司法人代表证明书

（3）法人代表身份证明原件、复印件（正反两面都要复印）。

（4）法人授权委托书（图 6-4-2）。

授权委托书
________（受理单位名称）： 兹有我司需办理（办理的事项）等事务，现授权委托我司员工：________，性别：________，身份证号码：________________，前往贵处（司）办理，望贵处（司）给予接洽受理为盼！ 法人代表(签字)： (单位名称)(盖章) ______年______月______日

图 6-4-2 授权委托书

（5）代理人身份证明的原件及复印件。

（6）控股股东或实际控制人证明书。如果控股股东为机构，则请再提供营业执照复印件；如果控股股东为个人，则提供身份证复印件。

（7）公司章程。持股 25%以上的股东如果为自然人，则提供股东身份证复印件；如果股东为机构，则提供所有的机构章程或股权结构图。

（8）开户申请表加盖机构公章（图 6-4-3）。

CSDC 中国结算

证券账户开立申请表(适用于机构)

身份信息			
机构名称		国籍或地区	
主要身份证明文件类别	□ 工商营业执照 □ 社团法人登记证书 □ 事业法人登记证书 □ 机关法人成立批文 □ 其他证件	证件有效期截止日期	□ 年 月 日 □ 长期有效
主要身份证明文件号码			
主要身份证明文件注册地址			
辅助身份证明文件类别		证件有效期截止日期	□ 年 月 日
辅助身份证明文件号码			
辅助身份证明文件注册地址			
是否属于应当在中国基金业协会登记的私募基金管理人：□是 □否		私募基金管理人编码	
基本信息			
机构简称		英文名称	
机构类别	境内机构 一般法人机构	□企业法人 □机关法人 □事业法人 □社团法人 □工会法人 □其他非金融机构法人	
	境内机构 特殊法人机构	□证券公司 □银行 □信托投资公司 □基金管理公司 □保险公司 □破产管理人 □私募基金管理人 □其他特殊法人机构	
	境内机构 非法人机构	□普通合伙企业 □特殊普通合伙企业 □有限合伙企业 □非法人创业投资企业	
	境外机构	□境外一般机构 □境外代理人 □境外证券公司 □境外基金公司 □外国战略投资者 □其他	
国有属性	□国务院国资委管辖 □地方国资委管辖 □其他国有企业 □非国有		
资本属性	□境内资本 □三资（合资、合作、外资） □境外资本		
法定代表人或负责人	姓名	身份证明文件类型	□居民身份证 □其他（ ）
	身份证明文件号码		
联系信息			
联系人	姓名	身份证明文件类型	□居民身份证 □其他（ ）
	身份证明文件号码		
单位电话	单位传真	移动电话	
联系地址		邮政编码	
电子邮箱		公司网址	
服务信息			
是否直接开通网络服务	□是 □否	网络服务初始密码	
证券账户开立			
□一码通账户号码：________ □A股账户 □沪市B股账户 □深市B股账户 □沪市封闭式基金账户 □深市封闭式基金账户 □沪市衍生品合约账户 □深市衍生品合约账户 □沪市信用账户 □深市信用账户 □股转系统账户 □其他（ ）			
开户方式： □临柜开户 □见证开户 □网上开户			
机构经办人或自然人代办人信息			
姓名		身份证明文件类型	□居民身份证 □护照 □其他
联系电话		身份证明文件号码	
备注：			
开户代理机构填写			
□ 已审核投资者身份证明文件的真实性、有效性、完整性。 □ 申请人、经办人或代办人已签名。 □ 已审核业务申请表中的填写信息与业务申请材料相关内容一致。			
经办人：		复核人：	
代理机构用章：		填表日期：	

本人已阅读并承诺遵守《证券账户业务办理须知》（见背面）、保证填写的上述资料真实、准确、完整、有效，并承诺不出借证券账户给他人使用，不通过证券账户下设子账户、分账户、虚拟账户等方式违规进行证券交易，对因违反《证券账户管理规则》导致的相应经济损失和法律责任由本人承担。

投资者确认签字（或申请人签字及申请机构盖章）： 日期： 年 月 日

图 6-4-3 证券账户开立申请表

（9）开通新三板需额外提供的资料（不开不提供）。

由会计师事务所出具的实收资本验资报告或最近一期包含实收资本信息的审计报告如图6-4-4所示。

财务报告内部控制审计意见

我们认为，由于存在上述重大缺陷及其对实现控制目标的影响，贵公司于20××年12月31日未能按照《企业内部控制基本规范》和相关规定在所有重大方面保持有效的财务报告内部控制。

****会计师事务所
（特殊普通合伙）
中国·实[illegible]

中国注册会计师
（签名）
二〇**年**月**日

图6-4-4　审计报告

2. 企业在开具证券账户的同时，也需开具资金账户和银行结算账户

资金账户主要用来存放证券交易的资金，记载和反映投资者买卖证券的货币收付和结存数额。

银行结算账户主要是由投资者在银行开立的。出于证券交易资金“第三方存管制度”的要求，银行结算账户是用于银证转账和证券账户资金转出的账户。

任务五　证券公司——证券存托管与委托指令

一、证券存托管

证券托管是指投资者将持有的证券委托给证券公司保管，并由后者代为处理有关证券权益事务的行为（图 6-5-1）。

证券存管是指证券公司将投资者交给其保管的证券以及自身持有的证券统一交给证券登记结算机构保管，并由后者代为处理有关证券权益事务的行为。

中国证券投资基金业协会

Asset Management Association of China

备案编码：

私募投资基金备案证明

Private Investment Fund Filing Information

基金名称
Fund Name
管理人名称
Manager Name
托管人名称
Trustee Name
备案日期
Filing Date

该基金已根据《证券投资基金法》和《私募投资基金监督管理暂行办法》等法律法规的要求在我协会备案。

重要提示：

1．本备案证明仅作为对私募投资基金备案情况的确认，该基金备案信息请到中国证券投资基金业协会网站查阅，网址为 www.amac.org.cn。

2．私募投资基金的备案不构成对其投资能力、持续合规情况的认可，不作为对基金财产安全的保证。

图 6-5-1　证券存托管

二、委托指令

委托的方式比较多样，根据委托的工具分为递单委托、计算机自动委托、电话委托、远程终端委托 4 类；根据委托的方式分为限价委托和市价委托 2 类，前者是指定价格的委托方式，而后者是采用市场价格进行委托的方式。

拓展资料

证券委托交易协议书

甲方：投资者，________________________________

乙方：证券营业部，____________________________

依据《中华人民共和国证券法》《中华人民共和国合同法》和其他有关法律、法规、规章以及证券交易所交易规则的规定，甲乙双方就甲方委托乙方代理证券交易及其他相关事宜达成如下协议，供双方共同遵守。

第一章　双方声明

第一条　甲方向乙方做如下声明：

1．甲方具有相应合法的证券投资资格，不存在法律、法规、规章和证券交易所交易规则限制其投资证券市场的情形。

2．甲方保证在其与乙方委托代理关系存续期内其向乙方提供的所有证件、资料均真实、有效、合法。甲方保证其资金合法。

3．甲方已阅读并充分理解乙方向其提供的《风险揭示书》，清楚认识并愿意承担证券市场风险。

4．甲方同意遵守有关证券市场的法律、法规、规章及证券交易所交易规则。

5．甲方已详细阅读本协议的所有条款，并准确理解其含义，特别是其中有关乙方的免责条款。

第二条　乙方向甲方做如下声明：

1．乙方是依法设立的证券经营机构，具有相应的证券经纪业务资格。

2．乙方具有开展证券经纪业务的必要条件，能够为甲方的证券交易提供相应的服务。

3．乙方确认其向甲方提供的委托方式以双方约定的委托方式为准。

4．乙方遵守有关证券市场的法律、法规、规章及证券交易所的交易规则。

第二章　开设资金账户

第三条　甲方应亲自开设资金账户。甲方在开设资金账户时提交本人身份证或其他有效证件、同名证券账户卡，并按乙方要求填写开户资料。

第四条　甲方的证券交易结算资金存入其资金账户。

第五条　甲方开设资金账户时，应同时自行设置交易密码和资金密码（以下统称密码）。甲方可以随时修改密码。

第三章　交易代理

第六条　甲方可以通过第二条第三项约定的委托方式下达委托。

第七条　乙方为甲方提供以下服务：

1．接受并忠实执行甲方下达的委托。

2．代理甲方进行资金、证券的清算、交收。

3．代理保管甲方买入或存入的有价证券。

4．代理甲方领取分红派息。

5．应甲方要求提供其账户资金和证券变化情况的清单。

6．双方依法约定的其他事项。

7．证券监督管理机关规定提供的其他服务。

第八条　甲方进行柜台委托时，必须提供有权人（指甲方本人或其授权代理人，下同）身份证，甲方证券账户卡和资金账户卡。甲方进行自助委托，必须输入正确的密码。

第九条　当甲方委托未成交或未全部成交时，甲方可以变更其未成交的委托。

第十条　甲方应在委托下达后三个交易日内向乙方查询该委托结果，当甲方对该结果有异议时，须在查询当日以书面形式向乙方质询。甲方逾期未办理查询或未对有异议的查询结果以书面方式向乙方办理质询的，视同甲方已确认该结果。

第十一条　当甲方需选择乙方作为其在上海证券交易所挂牌交易的指定交易证券代理机构时，双方需另行签订有关协议。

第四章　资金存取

第十二条　甲方依法享有资金存取自由。甲方从乙方提取资金时，除非甲乙双方另有约定或甲方另有指令，乙方必须及时办理。

第十三条　甲方可以通过乙方柜台存取资金。甲方也可以通过其他方式存取资金，但应按照乙方的要求办理有关手续。其他方式由乙方依法提供，其含义由乙方负责解释。

第十四条　通过乙方柜台提取资金的，应提供取款人身份证、证券账户卡、资金账户卡，并输入正确的资金密码。乙方按照国务院证券监管机关的有关规定为甲方办理取款手续。

为保护甲乙双方的合法权益。甲乙双方就甲方利用乙方提供的自助委托（电话委托、刷卡委托、热自助委托、远程委托）系统买卖有价证券业务签署如下协议。

1．甲方在办理自助委托（电话委托、刷卡委托、热自助委托、远程委托）开户时需按规定向乙方提供有关资料，确保所提供资料的真实、准确、完整和有效，并愿对所提供资料产生的结果负责。当有关资料发生变化时，甲方承诺办理变更手续。如未及时变更而导致的责任由甲方自行承担。

2．甲方必要时可不定期通过自助委托系统变更交易密码（以下简称密码）。因遗忘密码，甲方应通过书面形式向乙方申请重新设置密码。使用密码进行的一切交易均视为甲方亲自处理，由此造成的一切后果（包括密码泄密造成证券被盗买盗卖）由甲方承担责任。

3．甲方在操作时务必根据电脑屏幕或电话语言提示谨慎操作。因操作失误而产生一切后果由甲方自行承担。

4．乙方对甲方在证券交易中可能遇到的不可预测或不可抗拒的因素造成的损失不负任何责任，包括但不仅限于停电、通信故障、机器设备故障等。

5．自助委托（电话委托、刷卡委托、热自助委托）买卖证券的一切数据一律以乙方电脑资料为准。

6．甲方的证券账户卡和交易磁卡须妥善保管，如有遗失，须向乙方申请挂失。挂失受理生效前产生的一切后果由甲方负责。

7．甲方应参照乙方规定选择下列自助委托方式（请填写“是”或“否”）。

（1）电话委托（　）

（2）刷卡委托（　）

（3）热自助委托（　）

（4）远程委托（　）

8．本协议为《证券交易委托代理协议书》的有效组成部分。未尽事宜，按国家相关法律、法规和上海、深圳证券交易所的有关业务规则执行。

9．本协议自甲乙双方签订之日起生效。

10．本协议一式两份、甲乙双方各执一份。

甲方（签字）：________　　　　　　　　乙方（盖章）：________

经办人（签字）：________

________年________月________日

________年________月________日

任务六 证券公司——委托买卖

一、任务描述

学生以投资者身份学习如何利用软件进行看盘及挑选有价证券。

二、情景导入

学生以自己的实盘交易账户（以实验开始的初始资金为基准计算收益率）或模拟交易账户（以 10 万元为初始资金）或自己设计的模拟交易账户（以 10 万元为初始资金）为基础，综合考虑当前市场的变化形势，进而挑选较为合适的有价证券。

三、投资者选择有价证券

1. 股票

（1）行情全景图

行情模块支持操作：Ctrl → 双击该界面单只股票名称，即可通过新标签打开该股。

①全球市场概况（图 6-6-1）

全球市场概况展示全球市场行情，涵盖美洲市场、欧非中东市场、亚太市场、大中华市场、国际商品、重要汇率。

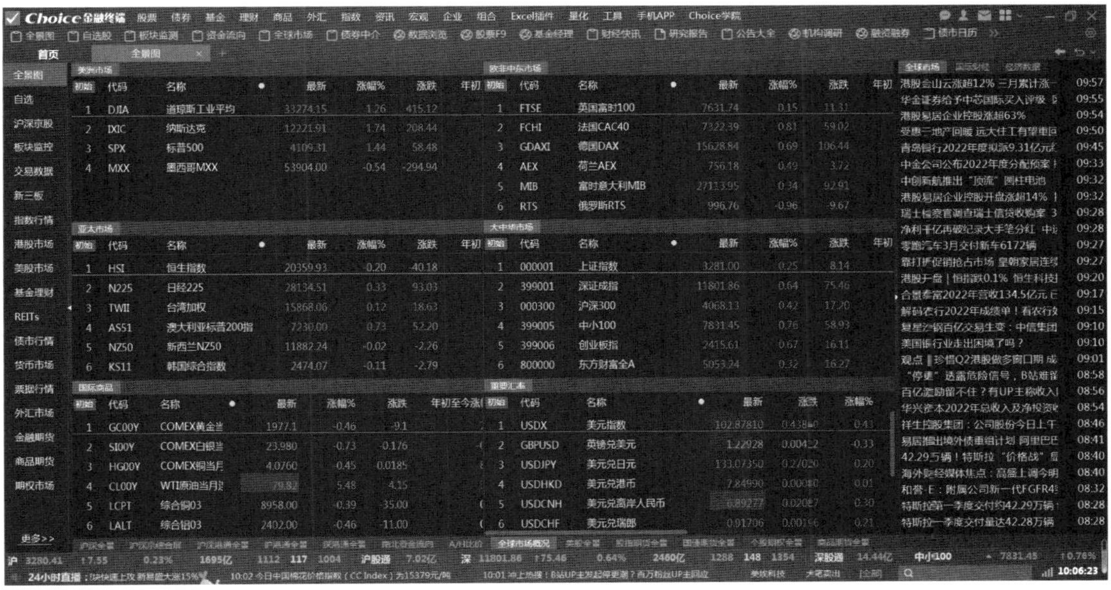

图 6-6-1 全球市场概况界面

②沪深京股市

A. 沪深京全景（图 6-6-2）

沪深京全景展示沪深京市场的重要指数、板块行情、资金流向等行情数据，同时可查看最新资讯、研报等。

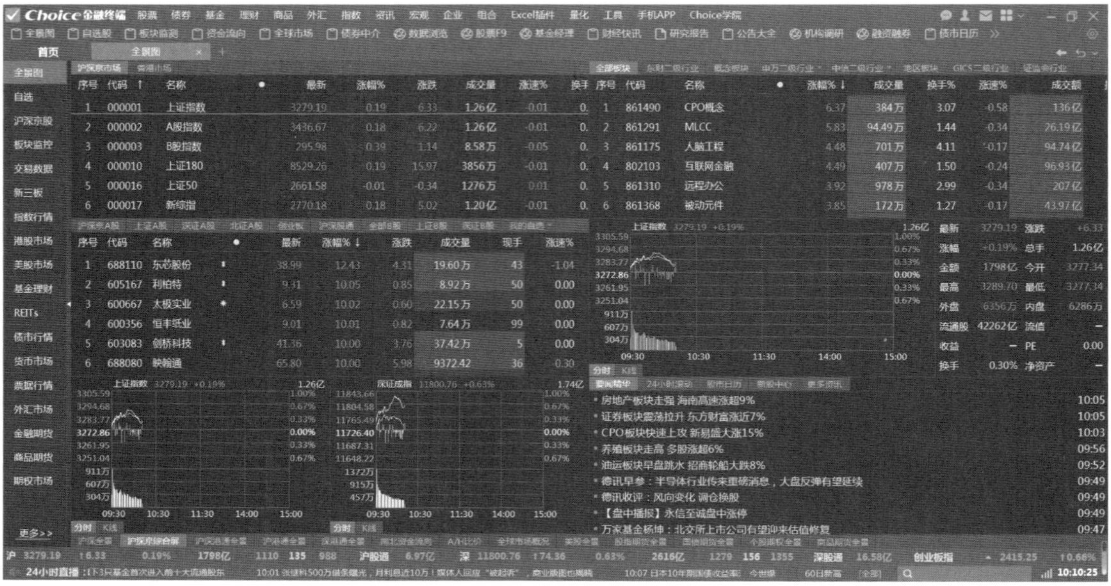

图 6-6-2　沪深京全景界面

B．新三板-综合屏（图 6-6-3）

新三板-综合屏展示三板各行业板块的行情数据和个股行情数据，以及三板成指和三板做市的分时走势，同时可查看三板市场最新的资讯信息。

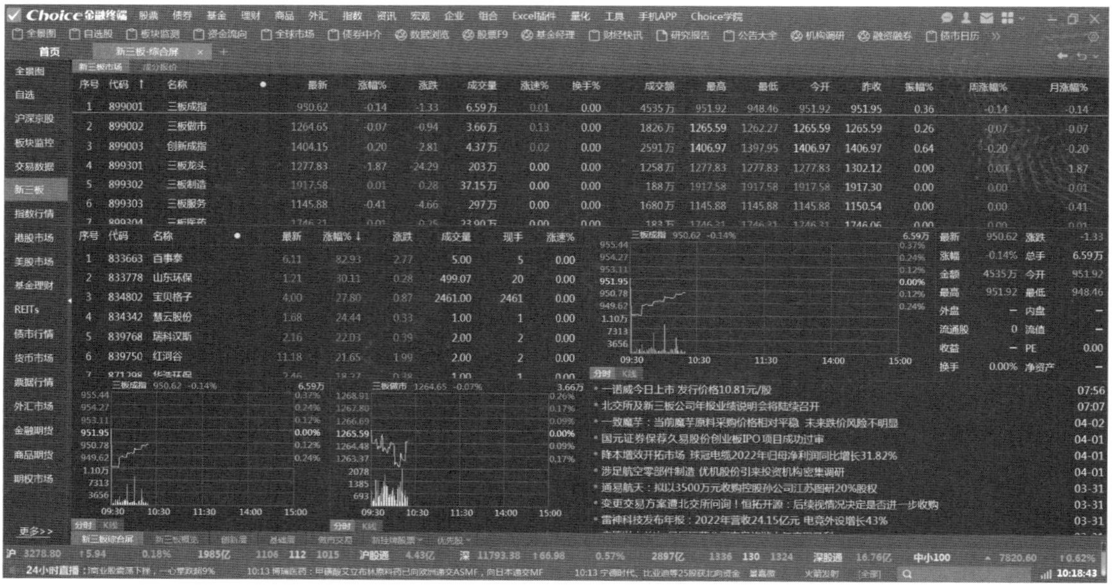

图 6-6-3　新三板-综合屏界面

C．期权综合屏（图 6-6-4）

期权综合屏展示期权产品的市场行情，包括涨跌幅、成交量、标的收盘价、内在价值、时间价值、溢价率、杠杆倍数、隐含波动率等主要行情指标，市场类型涵盖上证期权、深证期权、中金所期权等。

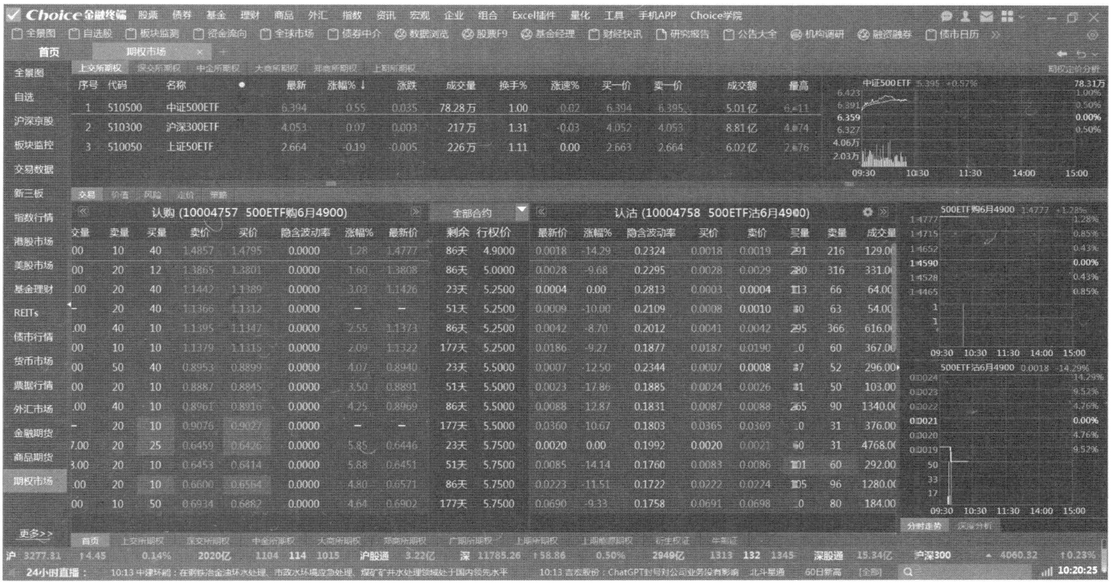

图 6-6-4 期权综合屏界面

③沪深港通股市

A. 沪深港通全景（图 6-6-5）

沪深港通全景展示沪深市场和港股市场的重要指数的分时走势，涵盖上证指数、深证成指、恒生指数、HSLT、AH 溢价指数等，并展示沪深股通成分、港股通成分，以及沪深港通 AH 股的行情，可查看最新的沪深港通资讯，以及沪股资讯、深股资讯和港股资讯。

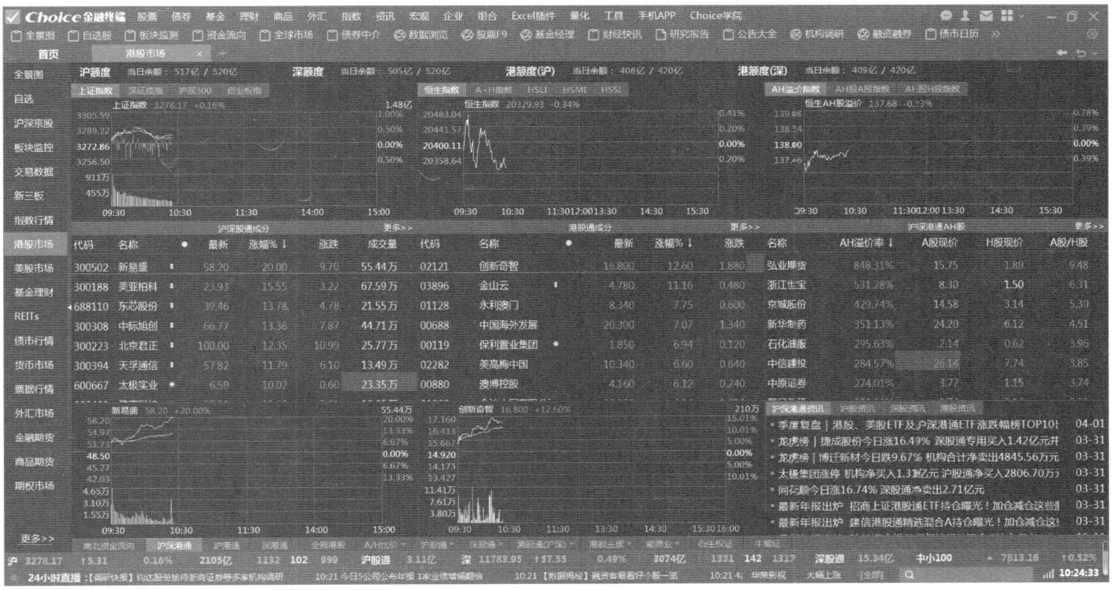

图 6-6-5 沪深港通全景界面

B. A/H 比价（图 6-6-6）

同时在沪深和香港上市的公司，对比其 A 股和 H 股的行情情况，主要展示 AH 溢价率、股价、涨跌幅等重要指标。

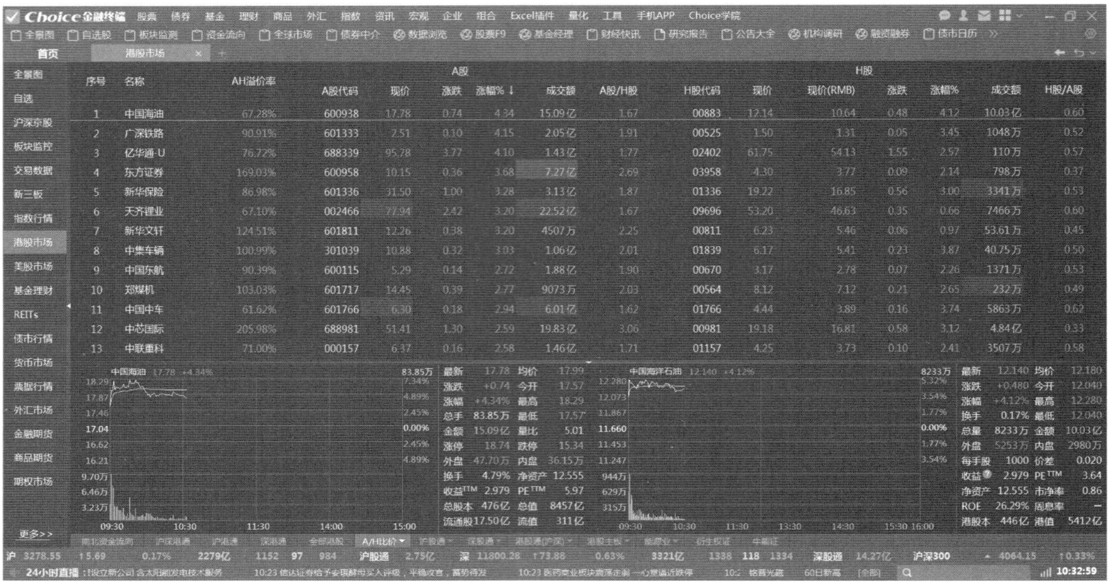

图 6-6-6　A/H 比价全景界面

④美国股市（简称美股）（图 6-6-7）

美国股市全景展示美国市场的重要指数，如道琼斯工业平均、纳斯达克、标普 500、美元指数的分时走势，以及知名美股、中概股、NASDAQ、NYSE、AMEX、全部美股的个股行情数据、最新的美股和海外中概股资讯。

图 6-6-7　美国股市全景界面

⑤自选股监控（图 6-6-8）

自选股监控展示用户自选股的行情数据以及对应上市公司和行业的新闻、研报等最新资讯信息。

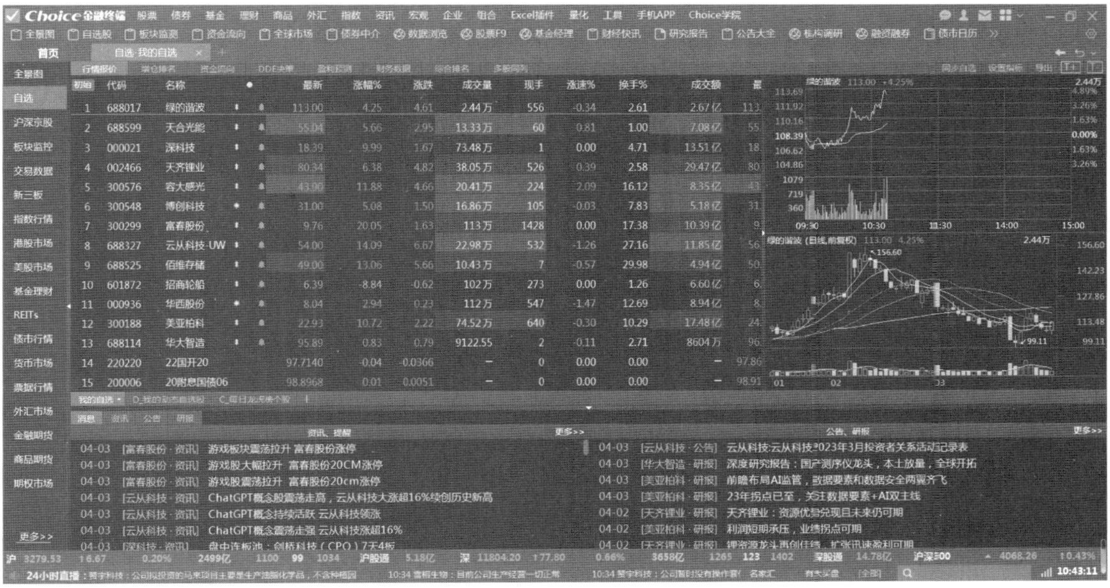

图 6-6-8 自选股监控界面

（2）板块监控（图 6-6-9）

板块监控展示每个版块以及该板块下个股的行情数据、增仓排名、资金流向、DDE 决策等重要板块信息。

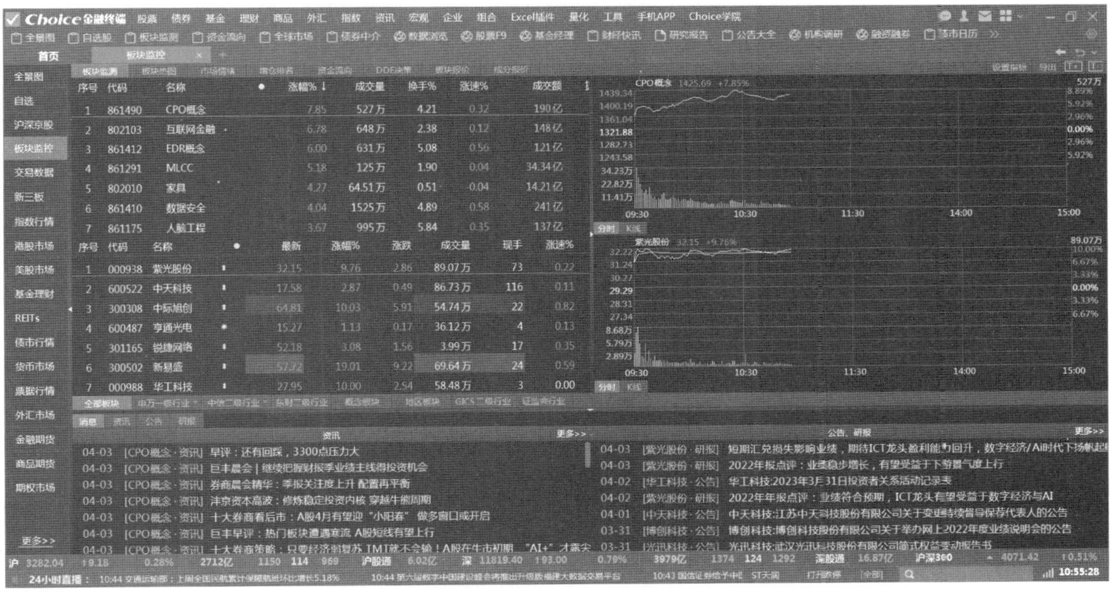

图 6-6-9 板块监控界面

（3）自定义综合屏（图 6-6-10）

自定义综合屏支持用户自定义规划界面，对不同模块进行拼接组合，帮助用户更加便捷、精准地进行行情与资讯的监控，实现便捷化盯盘。

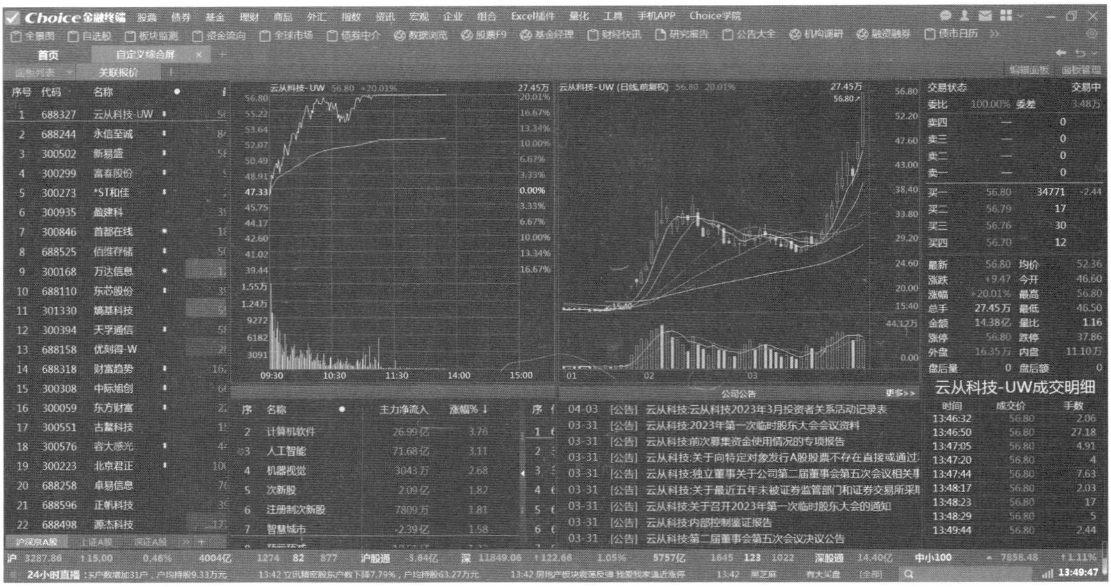

图 6-6-10　自定义综合屏界面

（4）交易数据（图 6-6-11）

我们可以在龙虎榜查看有交易异动的股票行情数据和异动原因，以及活跃席位统计和活跃股票统计，查看龙虎榜股票的买入和卖出营业部，实时深度监控交易异动的股票。

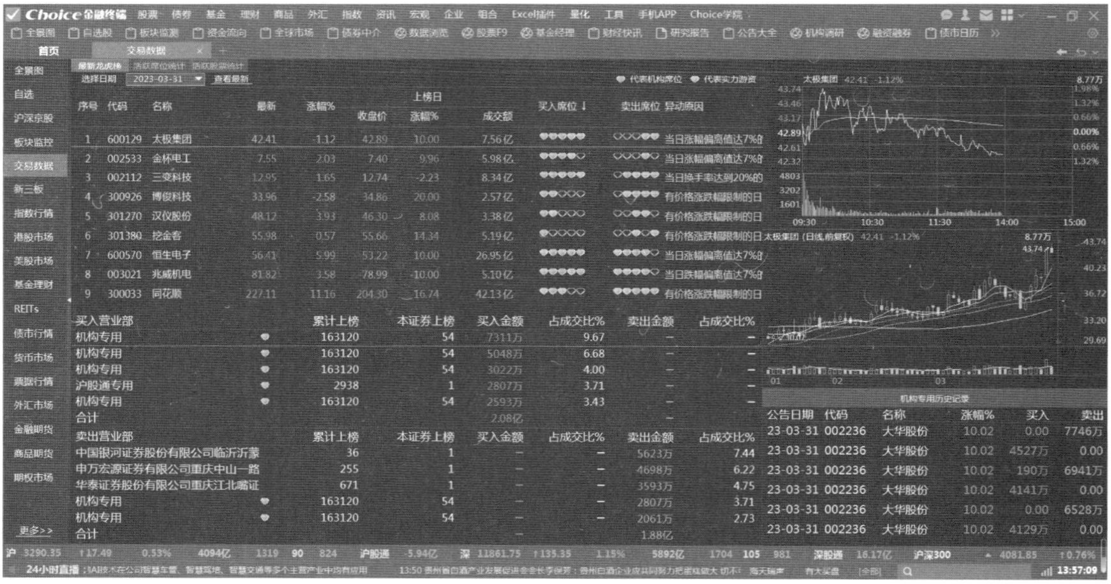

图 6-6-11　交易数据界面

（5）股票多维数据

①深度资料 F9（图 6-6-12）

深度资料 F9 全方位展现和剖析上市公司披露的基本信息和数据，包括公司资料、新闻公告、重大事件等，并以图表形式展示公司的财务数据及股东持股情况，辅以财务风险系统来智能化监测公司的财务风险。

使用路径：在个股界面点击深度资料。

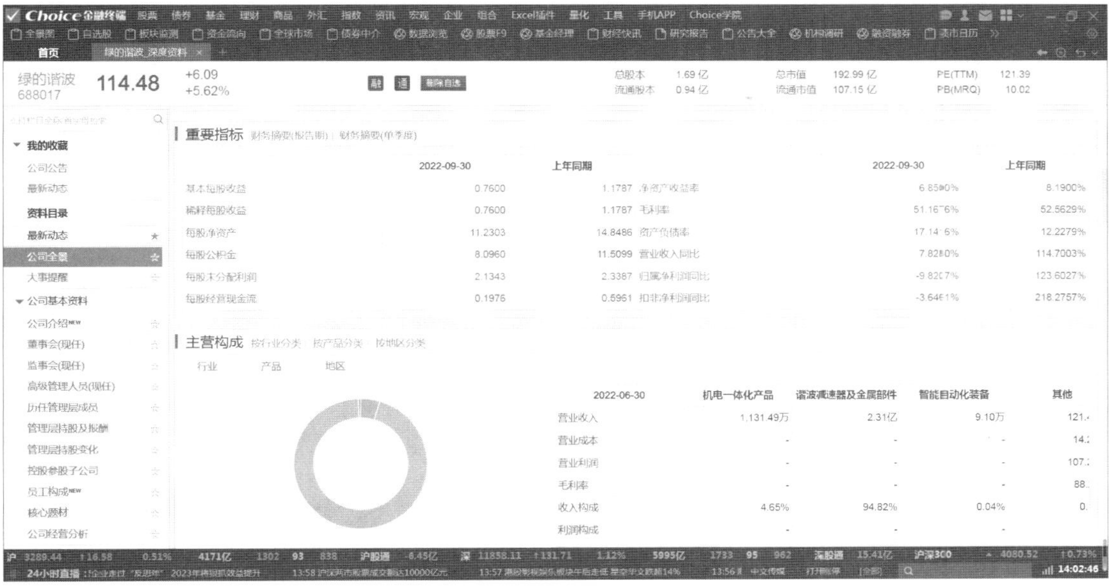

图 6-6-12　深度资料界面

A．最新动态（图 6-6-13）

最新动态以可视化形式展示公司最新的动态表现，包括大事提醒、最新指标、市场阶段表现、股东持股变动、机构动向等。

图 6-6-13　最新动态界面

B．公司全景（图 6-6-14）

公司全景以可视化形式介绍公司的概况，包括公司简介、重要指标、主营构成、股东持股、融资分红等内容，帮助用户快捷了解公司的基本情况。

图 6-6-14　公司全景界面

②财务风险系统（图 6-6-15）

财务风险系统是基于财报披露数据对上市公司财务风险进行辨识归类的分析系统，通过对头部机构财报指标偏好和财务分析维度等数据的深度学习，形成“7 维 •300+风险评估信号”，识别财务风险，帮助投资者进行风险管理。

基于东财机构客户访问 F9 财务指标行为数据的采集，并通过行业回测将高频指标与后续市场走势进行交叉对照，提炼关键指标并加大评分权重，进而筛选出有效的风险信号。

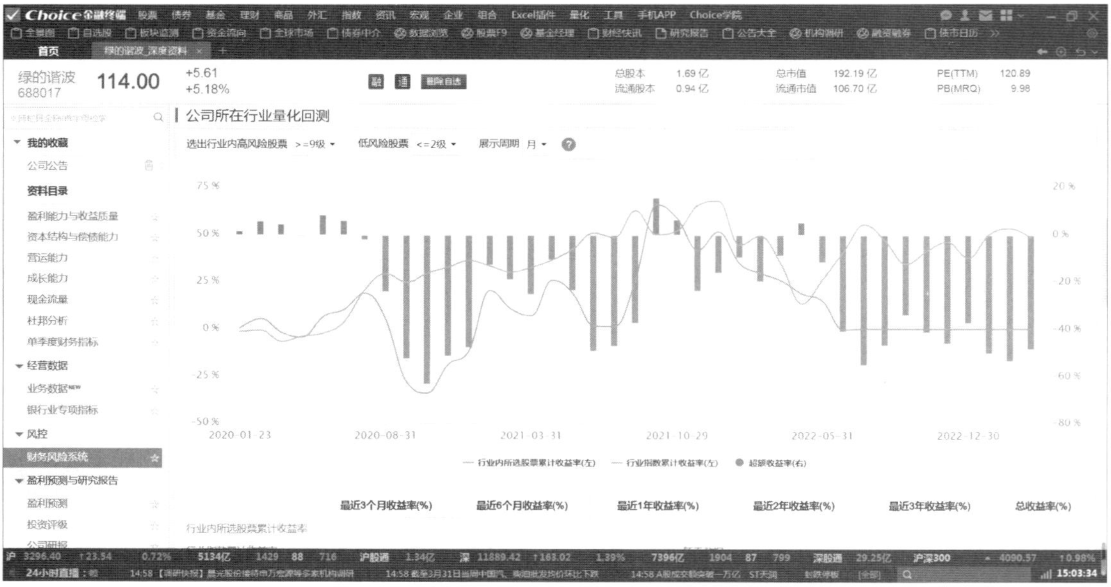

图 6-6-15　财务风险系统界面

③数据浏览器

数据浏览器适用于查看各品类证券以及金融机构的数据指标，分别为股票数据浏览器、期权数据浏览器、债券数据浏览器、基金数据浏览器、指数数据浏览器、期货数据浏览器、券商资管数据浏览器、私募数据浏览器、银行理财数据浏览器、信托数据浏览器、保险数据浏览器。

使用路径：各品类证券一级菜单 → 多维数据 → 数据浏览器。

数据浏览器合并了指标浏览和条件选股，并包含实用的数据和图形、分组统计、指标管理、数据筛选、指标和模板导入导出以及指标排名等功能。

数据浏览器由三块主体组成——指标选择区域（选指标）、范围选择区域（选证券）、内容展示区域（看数据）。

A. 选指标：可以在左侧中间指标搜索框，通过输入拼音首字母或指标名称查找需要的指标，也可以直接在指标树上双击指标来添加。

B. 选证券：直接输入代码或者双击板块批量添加。

C. 参数设置：提取高开低收等这些行情指标时需要设置交易日期、复权方式；营业收入、净利润等财务指标提取时需设置报告期。已提取出来的单个或者批量指标的参数可修改。

D. 条件选股：通过设置条件表达式，对文本型或数值型的指标进行限制，筛选的显示结果为符合该条件表达式的证券。

E. 指标计算：根据众多基础指标进行指标间运算，各类数值型指标均可运算。

F. 数据统计：展示数据的常用统计指标，可以进行深度一些的按“文本”“数值”和“日期”进行分组的统计。

G. 显示图形：对于数值型数据，点击此按钮，可直接在界面下方显示图形，并可在图形右侧对图形做常用的折线图柱状图切换、双轴展示、最大化、导出等设置。

H. 保存模板：可保存当前屏幕的数据浏览模板或者条件选股模板，保存后的模板可在数据浏览器左上角“我的模板”区域查看。

I. 历史走势：点击某股票（或其他证券品种）的某一指标数据单元格的小图标来查看历史数据和走势，点击之后可以进行任意的拖动，调到适合你自己的大小布局。

J. 指标管理：可以对“我的指标”进行综合管理，可以根据个人的需求对系统自带指标进行分类整理，也可以对系统指标进行衍生计算，从而得到更加精确的数据指标。指标管理可以帮助你建立起自己特有的指标体系，进行综合的动态跟踪，并且随时验证指标体系的准确性，然后进行必要的修正。

④财务纵比（图 6-6-16）

我们可查看所关注的上市公司定期报告中的财务数据。左侧上方选择需要对比的财务指标，左侧下方选择需要对比的个股，按定期报告的时间顺序对比每个季度不同公司在同一财务指标的表现。

使用路径：股票一级菜单 → 多维数据 → 新版财务纵比。

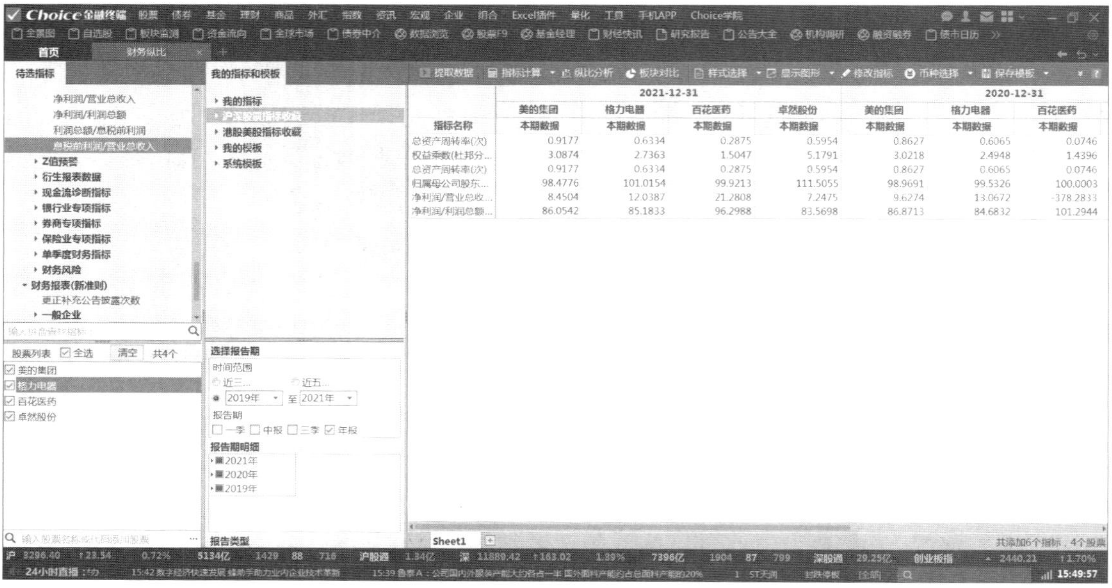

图 6-6-16　财务纵比界面

⑤行情序列（图 6-6-17）

行情序列按时间序列导出股票的行情数据，以 Excel 格式保存。左侧可选择个股成分和指标。

使用路径：股票一级菜单 → 多维数据 → 行情序列。

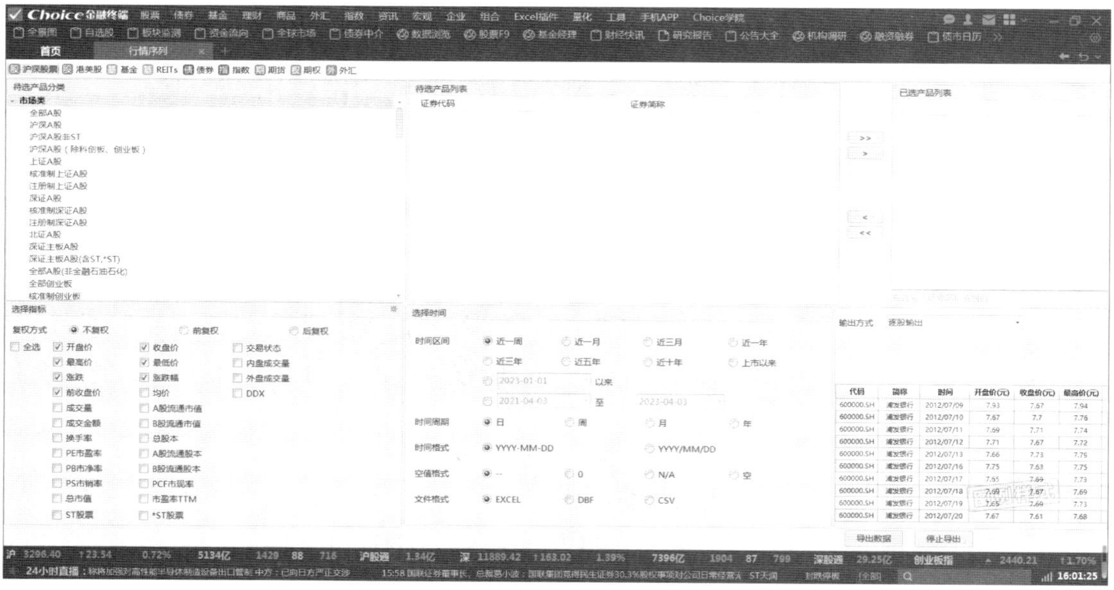

图 6-6-17　行情序列界面

（6）专题统计（图 6-6-18）

专题模块支持操作：Ctrl+F 或单击数据筛选，即可进行数据筛选的操作，同时还支持在专题表格中个性化添加数据浏览器或进行指标计算。

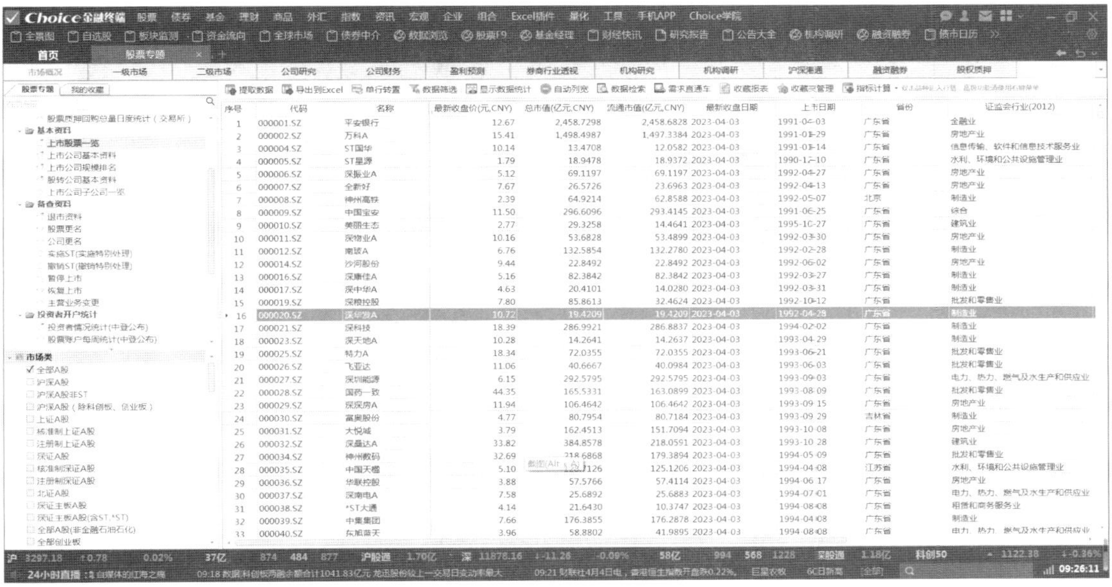

图 6-6-18 股票专题界面

①市场概况（图 6-6-19）

市场概况展示沪深京市场的整体市场规模、上市公司情况统计、投资者开会情况统计等信息。

使用路径：股票一级菜单 → 专题统计 → 常用 → 市场概况。

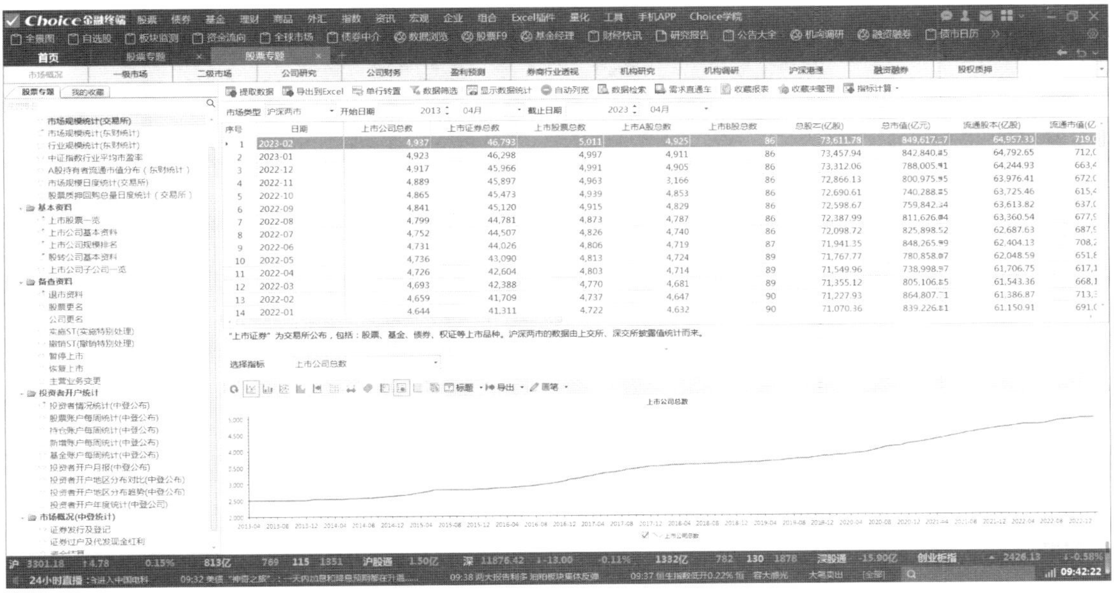

图 6-6-19 市场概况界面

②一级市场（图 6-6-20）

一级市场展示沪深京市场的证券发行统计数据，以及新股发行、增发配股、上市公司发债、资金募集投向、网下配售信息、发行机构等明细数据。

使用路径：股票一级菜单 → 专题统计 → 常用 → 一级市场。

图 6-6-20　一级市场界面

③二级市场（图 6-6-21）

二级市场展示沪深市场的证券交易、市值变化、资金流向、市场表现、融资融券等明细数据。

使用路径：股票一级菜单 → 专题统计 → 常用 → 二级市场。

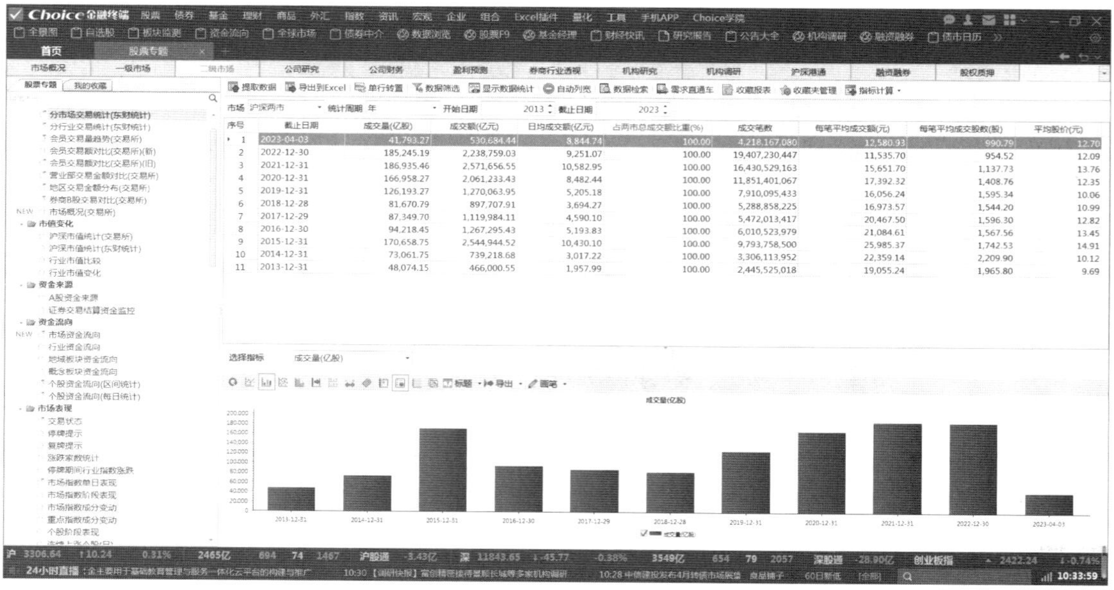

图 6-6-21　二级市场界面

④公司研究（图 6-6-22）

公司研究展示上市公司的股本结构、持股人、分红送转、股权质押、重大事项等明细数据。

使用路径：股票一级菜单 → 专题统计 → 常用 → 公司研究。

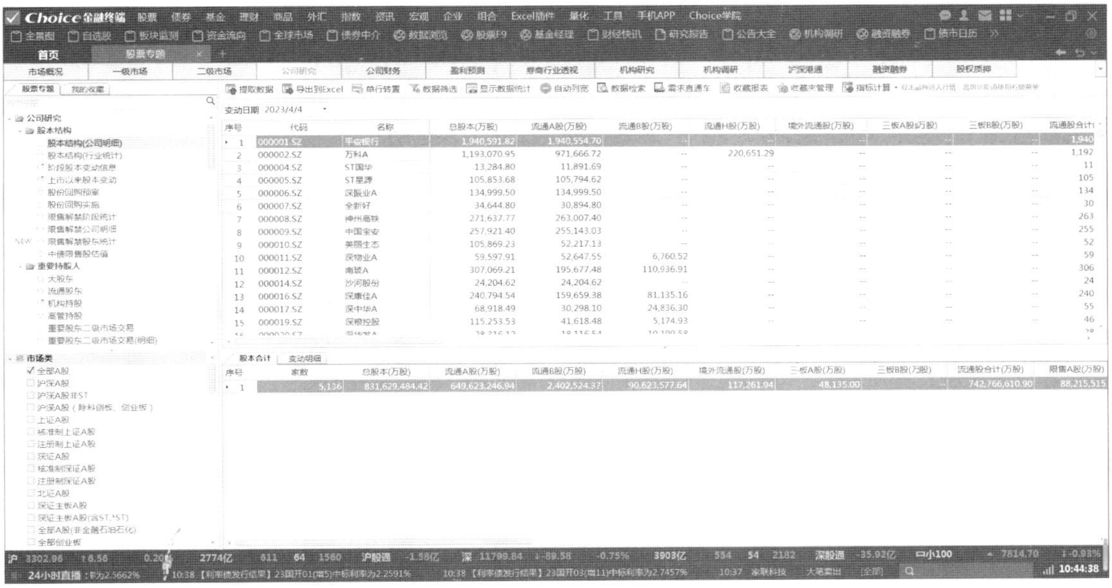

图 6-6-22　公司研究界面

⑤公司财务（图 6-6-23）

公司财务可查看公司业绩预告、行业财务数据、公司主要财务数据、风险预警等指标。左侧上方选择要查看的指标，左侧下方选择市场类型，显示结果为该市场下的所有个股在所选指标的数据情况。

使用路径：股票一级菜单 → 专题统计 → 常用 → 公司财务。

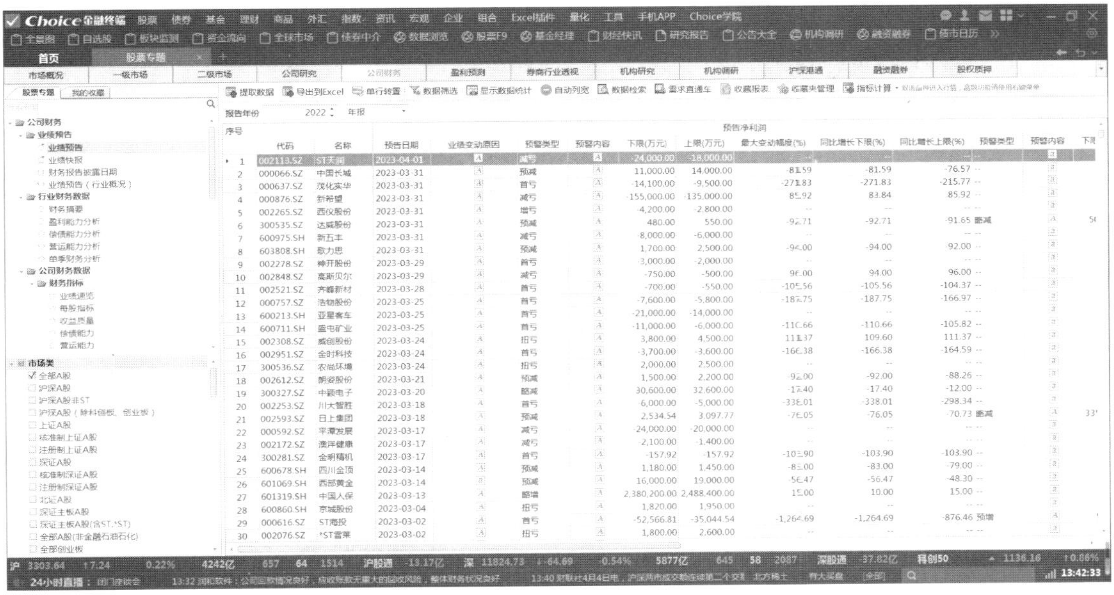

图 6-6-23　公司财务界面

⑥融资融券（图 6-6-24）

融资融券展示融资融券的重要事件、交易统计、转融通、两融交易策略等明细数据。

使用路径：股票一级菜单 → 专题统计 → 热点事件 → 融资融券。

图 6-6-24　融资融券界面

2. 债券

（1）债券综合屏（图 6-6-25）

我们运用 Choice 软件查看各类债券的行情数据以及最新债券相关资讯，也可分别查看 CFETS 债券、上交所债券、深交所债券、国债、固定利率债券、可转债等行情数据。

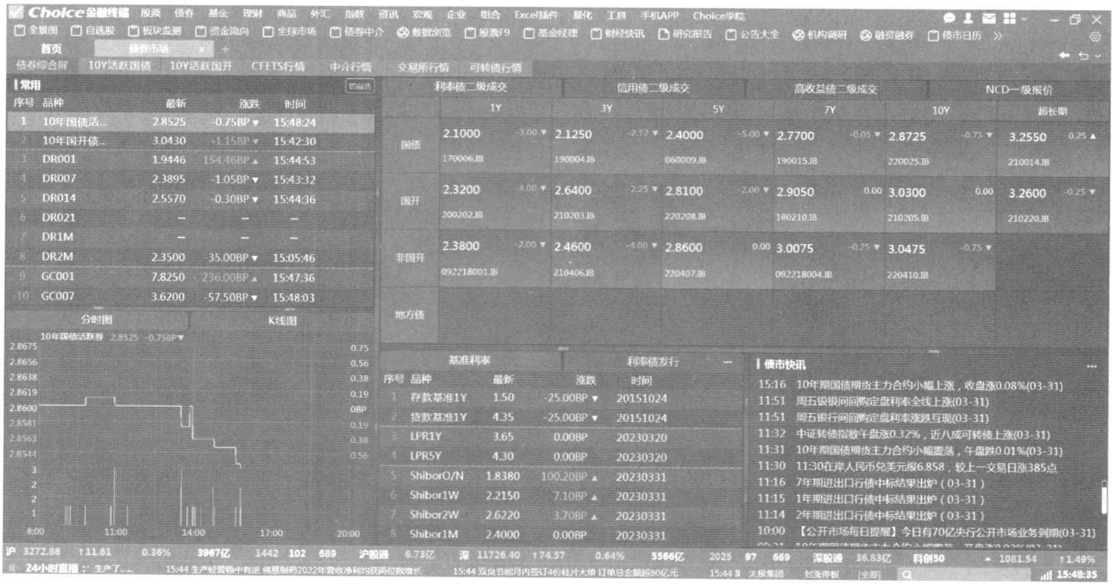

图 6-6-25　债券综合屏界面

（2）债券深度资料（图 6-6-26）

债券深度资料展示债券的基本条款、现金流、信用分析、财务分析、资讯研报等债券披露的内容。

使用路径：债券一级菜单 → 多维数据 → 债券深度资料。

图 6-6-26　深度资料界面

（3）债券数据浏览器（图 6-6-27）

我们在债券数据浏览器可选择债券种类和债券指标，进行指标的查看、计算等操作。

使用路径：债券一级菜单 → 多维数据 → 债券数据浏览器

图 6-6-27　债券数据浏览器界面

（4）专题统计

①债券市场（简称债市）概览（图 6-6-28）

债券市场概览展示债券市场各维度的明细数据。

使用路径：债券一级菜单 → 专题统计 → 债券专题 → 债市概览。

图 6-6-28　债市概览界面

②债券一级市场（图 6-6-29）

债券一级市场展示债券的发行统计、新债发行、发行利率走势、承销统计等债券以及市场明细数据。

使用路径：债券一级菜单 → 专题统计 → 债券专题 → 债市一级。

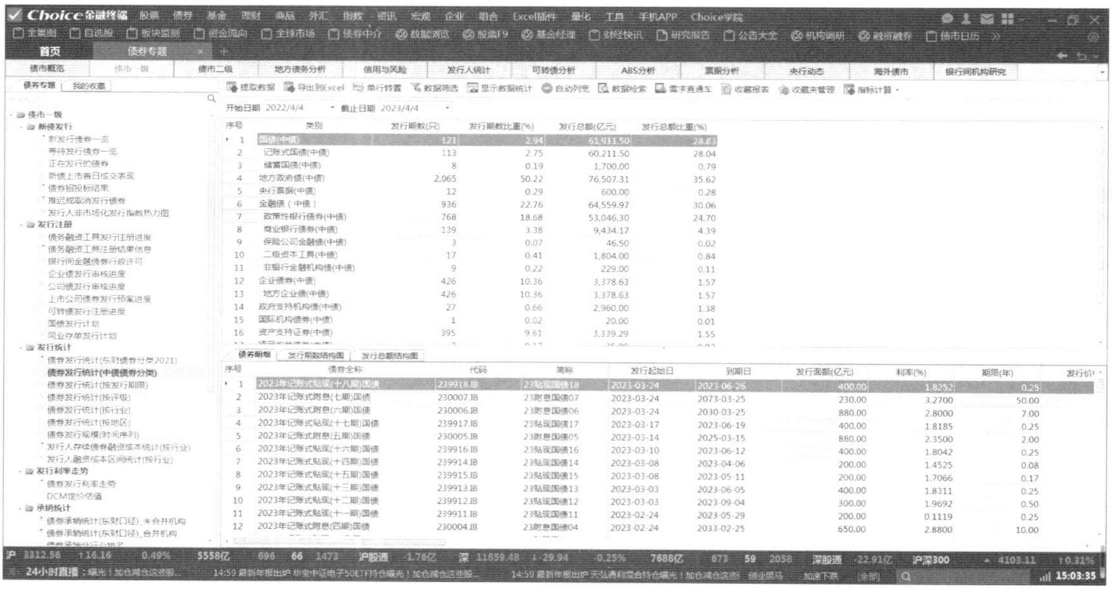

图 6-6-29　债市一级界面

③债券二级市场（图 6-6-30）

我们可查看债券二级市场交易统计的明细数据。

使用路径：债券一级菜单 → 专题统计 → 债券专题 → 债市二级。

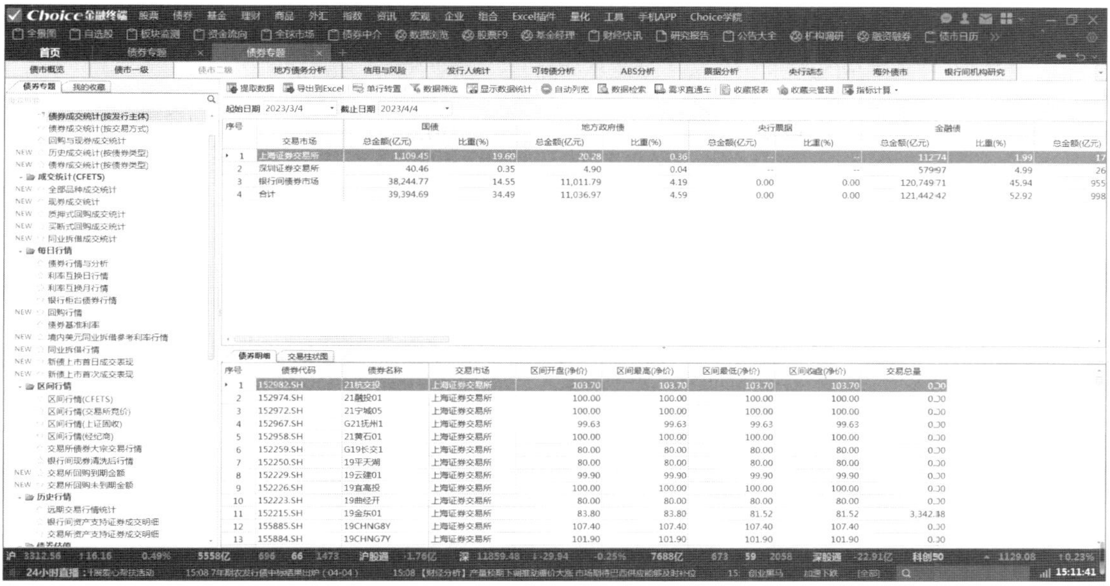

图 6-6-30 债市二级界面

④可转债分析（图 6-6-31）

我们可查看可转债的发行信息、市场表现、条款统计等明细数据。

使用路径：债券一级菜单 → 专题统计 → 可转债分析。

图 6-6-31 可转债分析界面

任务七　证券公司——竞价与成交

一、任务描述

学生通过综合使用各种分析方法进行交易，用于体验股票和债券综合模拟交易实验。

二、情景导入

学生利用自己的实盘交易账户（以实验开始的初始资金为基准计算收益率）或模拟交易账户（以 10 万元为初始资金）或自己设计的模拟交易账户（以 10 万元为初始资金）进行自选对象的连续交易实验，要求进行 10 次交易。每次交易请将以下三方面内容集中放在实验报告中，形成一次完整交易记录。一共做成 10 笔完整的交易记录。

（1）买入股票、债券名称、时间、数量、买入理由并加买入当时截图；

（2）卖出股票、债券名称、时间、数量、卖出理由并加当时的截图；

（3）这一次的交易总结。

要求：对上面 10 笔交易进行交易总结，总结的内容分为两个部分，其一是做一个交易成绩概况表（表 6-7-1），其二是对这 10 笔交易做一个交易总结。

表 6-7-1　交易成绩概况表

序号	总交易正确率	总收益百分比	单次最大盈利	单次最大亏损	风险收益比
1					
2					
3					
4					
5					
6					
7					
8					
9					
10					

注：风险收益比=获利总收益/亏损总损失

证券竞价成交的基本原则是“价格优先、时间优先”。

价格优先，即在其他条件相同的情况下，出价更高者优先获得。

时间优先，即在申报价格、买卖方向相同的情况下，先申报者优先于后申报者。

1．竞价

证券竞价交易采用集合竞价和连续竞价两种方式。集合竞价是指对一段时间内接受的买卖申报一次性集中撮合的竞价方式。连续竞价是指对买卖申报逐笔连续撮合的竞价方式。

开盘集合竞价期间未成交的买卖申报，自动进入连续竞价。连续竞价期间未成交的买卖申报，自动进入收盘集合竞价。

有涨跌幅限制的证券在集合竞价期间的有效竞价范围与涨跌幅限制范围一致。中小企业板股票在连续竞价期间的有效竞价范围为最近成交价的上下 3%。开盘集合竞价期间没有产生成交的，连续竞价开始时的有效竞价范围调整为前收盘价的上下 3%。其他有涨跌幅限制的证券在连续竞价期间的有效竞价范围与涨跌幅限制范围一致。有效竞价范围的计算结果按照四舍五入的原则取至价格的最小变动单位。

无涨跌幅限制证券的交易按下列方法确定有效竞价范围：

（1）首日开盘的有效竞价范围为发行价的 900%以内，连续竞价、收盘集合竞价的有效竞价范围为最近成交价的上下 10%。

（2）上市首日股票的开盘集合竞价的有效竞价范围为发行价的上下 30%，连续竞价、收盘集合竞价的有效竞价范围为最近成交价的上下 10%；非上市首日股票的开盘集合竞价的有效竞价范围为前收盘价的上下 10%，连续竞价、收盘集合竞价的有效竞价范围为最近成交价的上下 10%。

（3）非上市首日股票的开盘集合竞价的有效竞价范围为前收盘价的上下 100%，连续竞价、收盘集合竞价的有效竞价范围为最近成交价的上下 100%。

无价格涨跌幅限制的证券在开盘集合竞价期间没有产生成交的，连续竞价开始时，按下列方式调整有效竞价范围。

（1）有效竞价范围内的最高买入申报价高于发行价或前收盘价的，以最高买入申报价为基准调整有效竞价范围。

（2）有效竞价范围内的最低卖出申报价低于发行价或前收盘价的，以最低卖出甲报价为基准调整有效竞价范围。

2. 成交

证券竞价交易按价格优先、时间优先的原则撮合成交。成交时价格优先的原则为：较高价格买入申报优先于较低价格买入申报，较低价格卖出申报优先于较高价格卖出申报。成交时时间优先的原则为：买卖方向、价格相同的，先申报者优先于后申报者。先后顺序按交易主机接受申报的时间确定。

集合竞价时，成交价格的确定原则为：

（1）可实现最大成交量的价格。

（2）高于该价格的买入申报与低于该价格的卖出申报全部成交。

（3）与该价格相同的买方或卖方至少有一方全部成交。

两个以上价格符合上述条件的，取距前收盘价最近的价格为成交价。集合竞价的所有交易以同一价格成交。

连续竞价时，成交价格的确定原则为：

（1）最高买入申报与最低卖出申报的价格相同时，以该价格为成交价。

（2）买入申报价格高于集中申报簿当时的最低卖出申报价格时，以集中申报簿当时的最低卖出申报价格为成交价。

（3）卖出申报价格低于集中申报簿当时的最高买入申报价格时，以集中申报簿当时的最高买入申报价格为成交价。

第七章　大数据金融环节

任务一　大数据服务——业务洽谈

一、任务描述

（1）大数据分析公司和甲方公司因对接业务需求，须了解对方公司相关问题，确定获取的数据源，并提供数据架构模型的报价。

（2）大数据方案公司和甲方公司对接业务需求，须提供解决策略和处理方案。

二、情境导入

（1）假设你是大数据分析公司的员工，与甲方公司就大数据分析事宜经协商谈判达成共识后，起草并签订数据分析服务合同，根据相关任务流程完成任务。

（2）假设你是大数据方案公司的员工，与甲方公司就大数据策划事宜经协商谈判达成共识后，起草并签订大数据策划服务合同，根据相关任务流程完成任务。

三、操作步骤

（1）双方公司人员就业务情况进行洽谈，完成项目洽谈记录表（表 7-1-1）。

（2）达成共识后，双方起草并签订服务合同。

表 7-1-1　项目洽谈记录

编号：

委 托 方					
项目名称					
洽谈地点		日期		洽谈方式	□会议　□电话
委托单位参加人员：					
公司参加人员：					

（续表）

洽谈记录	
记录人：	委托单位代表：

拓展资料

数据分析服务合同

法定代表人：
联系方式：
甲方：

法定代表人：
联系方式：
乙方：

根据《中华人民共和国合同法》，就甲方聘任乙方提供商关于数据分析服务事宜，双方协商一致，签订合同如下：

一、服务范围

对甲方____________________项目的可行性、实际操作及风险等相关事宜提供数据分析服务。

二、甲方责任

为保证乙方有效提供数据分析服务：

1. 甲方应当指派相关人员，配合乙方进行所需资料的收集和联络工作，并保证全面真实地向乙方提供委托事项的有关情况和材料。

2. 甲方应当按照本合同约定支付咨询服务费。

三、乙方责任

1. 针对甲方提出的项目相关事宜的咨询，乙方就其可能涉及的可行性、实际操作程序、风险性等，通过电话、邮件或传真等形式提供咨询服务。

2. 乙方对办理甲方事项和甲方提供的材料及甲方的商业秘密负有保密责任。未经甲方许可，乙方不得向任何第三方披露甲方的保密信息。

四、费用

1．两方同意：若本合同所涉项目未成功，无须支付服务费；若本合同所涉项目成功，本合同所涉服务费由甲方承担，并按照以下方式第_______种方式支付。

方式一：在本合同签订之日起_______日内，由甲方一次性支付至乙方指定账户。

方式二：由甲方每月按双方项目总额的_______%向乙方支付咨询服务费。

2．甲方未按约定时间支付服务费的，每逾期一天，甲方应按逾期付款总金额每天_______的标准向乙方支付逾期付款违约金。

五、争议解决方式

因履行本合同或与本合同相关的事项而产生的争议，合同各方应本着友好之原则协商解决。协商不成的，任何一方有权向本合同签订地有管辖权的法院提起诉讼，本合同签订地为______________。

六、其他

1．本合同一式_______份，双方各执_______份。

2．本合同从双方签字之日起生效，履行完毕即告终止。

3．在合同履行过程中，若需变更合同条款，须经双方协商同意，并签订补充协议，补充协议与本合同具有同等的法律效力。

甲方（盖章）：

法定代表人（签字）：

签订日期：________年________月________日

乙方（盖章）：

法定代表人（签字）：

签订日期：________年________月________日

大数据策划服务合同

甲方：________________________

乙方：________________________

根据《中华人民共和国合同法》及有关规定，甲乙双方本着诚实信用、平等互利的原则，就________________事宜协商一致，订立本合同。

乙方将组织专项项目服务组，向甲方提供________________服务。服务内容见附件（附件一：《策划项目内容清单》、附件二：《项目组名单》）。

一、甲方的权利和义务

1．根据乙方策划的要求，甲方提供客观、真实的相关资料和数据；

2．根据本协议规定，甲方按时向乙方支付酬金；

3．甲方有权了解乙方的工作进度和实施情况；

4．甲方有权接收乙方完成的工作成果及相关文件资料。得到双方书面签字认可后，甲方有权获得与本项目相关的知识产权的申请权和所有权；

5．甲方要求乙方按时、按质、按量完成服务项目；

6．甲方按时确认和接受乙方完成的阶段性工作成果，并以书面形式签收；

7．在本合同履行中，甲方加盖印章的书面文件或由甲方授权人签名的一切文件及单据等，甲方要承担全部责任；

8．乙方为甲方创作的概念、意念、文体及图像等，所有权归甲方所有，甲方将无界限使用，乙方为甲方提供并经认可的所有方案、图像、文字、概念、意念等，乙方不得提供给他人使用。

二、乙方的权利和义务

1．乙方按时完成和交付每个阶段的工作成果，提供有效服务和支持；

2．乙方有权根据本协议的约定获得酬金；

3．乙方的策划和设计方案，如果侵犯了第三方的知识产权，则其责任由乙方自负；

4．保护甲方所交付的一切与工作相关的物品，包括所有报告、文件、统计资料及其他材料，不得丢失、传播、泄密；

5．乙方在充分了解甲方产品、市场状况及相关信息后，应成立为甲方服务的项目组；

6．乙方按照合同附件《策划项目内容清单》分阶段实施策划服务，严格保守服务内容所涉及的甲方商业机密；

7．为了达到预期目标，乙方定期或不定期向甲方进行专业培训（意识导入、团队建设、管理等），根据甲方需要涉及特别提升培训项目，乙方负责向甲方推荐或组织专业培训机构，其费用由甲方承担。

三、工作成果交付期限

1．乙方完成的工作成果的交付地点、交付方式由甲乙双方协商约定，并曰双方代表签署交结资料清单。甲方收到乙方的每个阶段工作成果后的第三个工作日内，乙方妾受咨询、答疑并进一步完善。

2．每项工作成果的交付期限按照约定的时间交付（根据每月双方签字确定的排期执行）。

四、合同期限与任务

1．合同有效期自________年________月________日至________年________月________日止。

2．在甲乙双方的每次项目讨论会上，双方须做好会议纪要，并经双方签字认可后备案（甲乙双方各执一份）。

五、付款方式

1．项目服务费为________人民币（________万元人民币），乙方开具正式税务票。

2．首付：合同签订后3个工作日内，甲方向乙方支付项目服务费60%的首付，即人民币________人民币（________万元人民币）。

3．在项目进入辅导期前三个工作日内，甲方向乙方支付合同总额40%的余款，即________人民币（________万元人民币）。

4．由于甲方原因，不能按时向乙方付款，乙方有权向甲方收取滞纳金；滞纳金按照合同额的10%收取。

5．合同期内，甲方对乙方服务表示认可，从合作开始的第三个月起不得随意终止合同（双方友好协商解除合约除外）。

六、赔偿

1．经甲方确认实施的活动，若甲方提出变更或终止，所产生的损失由甲方负责。乙方委托的第三方未按甲方确认的内容执行，则由乙方负责任，并向甲方赔偿。

2．甲乙双方在履行本合同中，都必须遵守中华人民共和国法律及其他有关规定，甲方不得要求乙方在为甲方提供服务时做出违反法律和规定的行为。

3．根据甲方指示采取的行动，而对任何第三方产生纠纷或被有关部门处罚，由甲方承担责任。

七、保密

由甲方或代表甲方的人（必须具备法人委托书）提供给乙方并向乙方明示应加以保守机密的专业或其他资料，乙方将遵守下列规定，如有违反致甲方受到损害，甲方有权要求乙方赔偿；

1．未经甲方书面许可，乙方不得对任何人、公司泄露前述资料及技术。

2．未经甲方书面许可，乙方不得以任何方式将前述资料及技术等信息向第三方透露。

3．双方合同终止时，应即时将前述资料与技术、信息归还甲方。

4．合同期内，乙方承诺不承接其他任何与甲方产品相似（同质）的企业，产品的同类服务。

八、合同的变更与解除

1．甲乙双方在合同期内任何一方可以以书面形式通知对方终止此协议，就本行业的惯例，甲方或者乙方需在一个月前通知。乙方将于终止期限内收取所有甲方应付的费用，如果终止期后的刊物截稿期限仍在此期间内，则有关刊物广告费用亦同时收取。

2．当协议终止及有关账目付清后，乙方将交回甲方所有服务文件，包括文案、初稿设计、画稿、制版、录像/录音带、电子文件等。而乙方亦应将所有的媒介合约移交甲方。

3．因不可抗力，致使合同不能继续执行，甲乙双方经协商决定终止协议。

4．甲乙双方若任何一方丧失继续执行协议能力，或一方违约，守约方有权终止合同。

九、本合同在履行中发生纠纷，双方应协商解决，协商不成，任何一方提出诉讼，应在被诉讼方所在地区人民法院提起诉讼。

十、本合同经双方签章后生效，合同附件同具法律效应。

甲方：	乙方：
法人代表人：	法人代表人：
委托代理人：	委托代理人：
电话/传真：	电话/传真：
日　　期：	日　　期：

任务二　大数据处理——分期贷款基础（银行）

一、任务描述

该任务使用电子表格制作与计算分期还款计划。分期还款计划表详细说明了借款人和贷款人在贷款期限内的定期利息和本金支付之间的关系。每月付款由2个要素组成。一是利息：这是每期支付给贷方的金额。二是本金：这是每个时期要都还清贷款的金额。这构成了每月付款，在整个贷款期间保持不变。每个时期，一部分付款将用于本金，一部分将用于贷款。本金支付将使期末余额变小。随着期末余额变小，支付给本金的部分变大。最终的本金支付将使期末余额减少到零，从而结束贷款。

二、情境导入

你作为银行职员，需要制作一笔学生贷款分期还款计划表。有学生要在1年内还清10 000元的学生贷款，相当于银行提供了850元的月度分期付款，年化利率为3.67%。

三、操作步骤

该操作借助新金融大数据智能实训系统完成，在菜单栏中选择实训演练，进入Excel分期贷款基础案例。为了创建分期还款计划表，需要几个项目来创建分期付款的计算。首先，需要利率——通常表示为名义年利率。其次，需要知道贷款的分期年限，也就是说，需要知道多长时间才能完全还清，以及支付的频率。通常，付款是在一个时期结束时进行的。最后，需要知道实际借了多少。0.31%的月利率是年利率除以12，利息是在期末支付的，可以用期初余额乘以利率，得到支付的利息。每个月的利息是多少？

四、实训指导

首先用期初余额乘以月利率，输入每个月的正确利息，其次把这个公式复制到每个单元格，直到期末余额为零，最后把学生贷款分期还款计划表填写完整（表7-2-1）。

表7-2-1　学生贷款分期还款计划表

月份	分期还款金额	利息	本金	期初余额	期末余额
1月	¥850.00	¥0.00		¥0.00	¥0.00
2月	¥850.00	¥0.00		¥0.00	¥0.00
3月	¥850.00	¥0.00		¥0.00	¥0.00
4月	¥850.00	¥0.00		¥0.00	¥0.00
5月	¥850.00	¥0.00		¥0.00	¥0.00
6月	¥850.00	¥0.00		¥0.00	¥0.00
7月	¥850.00	¥0.00		¥0.00	¥0.00
8月	¥850.00	¥0.00		¥0.00	¥0.00
9月	¥850.00	¥0.00		¥0.00	¥0.00
10月	¥850.00	¥0.00		¥0.00	¥0.00

（续表）

月份	分期还款金额	利息	本金	期初余额	期末余额
11 月	¥850.00	¥0.00		¥0.00	¥0.00
12 月	¥850.00	¥0.00		¥0.00	¥0.00
月利率	0.31%				
年利率	3.67%				
总利息		¥0.00			

完成相应的计算步骤，得到学生贷款分期还款计划表（表 7-2-2）。

表 7-2-2 学生贷款分期还款计划表

月份	分期还款金额	利息	本金	期初余额	期终余额
1 月	¥850.00				
2 月	¥850.00				
3 月	¥850.00				
4 月	¥850.00				
5 月	¥850.00				
6 月	¥850.00				
7 月	¥850.00				
8 月	¥850.00				
9 月	¥850.00				
10 月	¥850.00				
11 月	¥850.00				
12 月	¥850.00				
月利率	0.31%				
年利率	3.67%				
总利息					

任务三　大数据处理——股票价格分析（证券公司）

一、任务描述

用 Excel 表格从股票历史价格时间序列中提取有用的信息，计算股价与股息，同时能够以图形的方式展示股票价格的趋势。包括认识什么是股票、价格、股息、最低价格趋势分析，等等。

二、情景导入

给你某公司股票的月末价格和股息的时间序列，时间跨度为 2012 年 12 月至 2017 年 12 月，需要你计算价格和股息、查找最低和最高价格、查找最小和最大股息、识别价格异常的日期、查找给定日期的价格、查找具有最低和最高价格的日期，等等。

三、操作步骤

1. 计算价格和股息（表 7-3-1）

你的第一个任务是计算历史价格的数量和公司支付股息的次数，即将 COUNT（）单元格范围作为参数并返回该范围中包含的值的数量的函数。此功能的扩展是 COUNTIF（），它允许您计算满足特定条件的单元格的数量。在这种情况下，除了单元格范围之外，你还必须指定要测试的条件并作为参数。条件必须用引号括起来（如“>10”）。在 F2 中，使用该函数计算历史价格的数量 COUNT（），将包含历史价格的单元格范围作为参数传递。在 F11 中，使用计算大于零的股息数 COUNTIF（），将包含历史红利和条件的单元格范围作为参数传递。

表 7-3-1　计算价格和股息

日期	价格	股息	日期	价格	股息
2012-12-31	52.820	0.130	2015-07-31	45.950	0.000
2013-01-31	52.400	0.000	2015-08-31	43.630	0.220
2013-02-28	51.610	0.000	2015-09-30	43.650	0.000
2013-03-31	50.110	0.150	2015-10-31	45.210	0.000
2013-04-30	47.140	0.000	2015-11-30	47.900	0.000
2013-05-31	47.230	0.150	2015-12-31	47.530	0.220
2013-06-30	48.200	0.000	2016-01-31	50.740	0.000
2013-07-31	49.350	0.000	2016-02-29	49.590	0.000
2013-08-31	44.960	0.150	2016-03-31	52.680	0.240
2013-09-30	43.820	0.000	2016-04-30	57.980	0.000
2013-10-31	47.310	0.000	2016-05-31	57.740	0.240
2013-11-30	48.560	0.000	2016-06-30	56.200	0.000
2013-12-31	46.800	0.150	2016-07-31	58.620	0.000
2014-01-31	46.110	0.000	2016-08-31	59.070	0.240
2014-02-28	45.360	0.000	2016-09-30	59.890	0.000
2014-03-31	47.240	0.170	2016-10-31	55.810	0.000

（续表）

日期	价格	股息	日期	价格	股息
2014-04-30	45.030	0.000	2016-11-30	55.880	0.000
2014-05-31	48.450	0.170	2016-12-31	56.060	0.240
2014-06-30	48.170	0.000	2017-01-31	47.120	0.000
2014-07-31	44.500	0.000	2017-02-28	49.240	0.000
2014-08-31	44.720	0.170	2017-03-31	52.100	0.270
2014-09-30	49.320	0.000	2017-04-30	50.400	0.000
2014-10-31	49.280	0.000	2017-05-31	49.740	0.270
2014-11-30	46.100	0.000	2017-06-30	48.440	0.000
2014-12-31	46.180	0.170	2017-07-31	49.880	0.000
2015-01-31	47.690	0.000	2017-08-31	50.870	0.270
2015-02-28	48.310	0.000	2017-09-30	49.090	0.000
2015-03-31	46.950	0.220	2017-10-31	49.680	0.000
2015-04-30	47.920	0.000	2017-11-30	54.550	0.000
2015-05-31	47.600	0.220	2017-12-31	53.450	0.270
2015-06-30	48.110	0.000			

价格数量：COUNT（）

股息数量：COUNTIF（），条件设定为“>0”

2. 查找最低和最高价格

从时间序列中提取一些相关信息，以更好地了解和分析期间的价格动态。

为此，首先要确定极端情况：公司在此期间达到的最低和最高价格是多少？使用函数 MIN（）和 MAX（）。它们接收要从中提取信息的单元格范围作为主要参数，并分别返回单元格范围内的最小值和最大值。

使用函数 MIN（）求公司股票在历史期间达到的最小值。

使用函数 MAX（）求公司股票在同一时期达到的最大值。

3. 查找最小和最大股息

通过查看一系列红利来完成分析。公司在此期间支付的最低和最高股息是多少？

要回答这些问题，不能简单地使用 MIN（）和 MAX（）。由于为 0 的单元格表示“无股息”，因此必须将它们排除在计算之外。为此，应该使用 MINIF（） and MAXIF（）。这些函数，如 COUNTIF（），将所需的操作应用于满足一个或多个特定条件的所有单元格。

相反，COUNTIF（）、MINIF（）和 MAXIF（）需要三个强制参数：确定最小值或最大值的单元格范围、适用条件的单元格范围以及用引号括起来的条件本身。

使用函数 MINIF（）找出公司在此期间支付的最小股息，选择所有大于零的股息作为函数中的条件。

使用函数 MAXIF（）找出公司在此期间支付的最大股息，选择所有大于零的股息作为函数中的条件。

4. 查找给定日期的价格

使用函数 VLOOKUP（）确定 2015 年 9 月 30 日的股票价格。

该函数需要三个强制参数：

search key：要搜索的值。

range：搜索过程中要考虑的单元格范围。

index：要返回的值的列索引，其中范围内的第一列编号为 1。

还有一个可选参数，表示是否对要搜索的列（指定范围的第一列）进行排序，在这种情况下 search key 将返回最接近的匹配项。

使用函数 VLOOKUP（）查找 2015 年 9 月 30 日的股票价格。

5. 查找最低和最高价格的日期

使用此函数来查找历史最低价和最高价发生的日期。为了 VLOOKUP（）能正常工作，查找值应始终位于第一列。数据集的第一列由日期表示，在本练习中，希望该列成为搜索的目标，而不是查找值。只需移动（或复制）日期列并将其附加到股息列的右侧。

单击列名称 A 来选择列。

复制列 A（CTRL+C）并将其粘贴（CTRL+V）列中 D。

使用该函数 VLOOKUP（）查找与最低价格对应的日期。

使用函数 VLOOKUP（）查找最高价对应的日期。

任务四 大数据分析——行业数据分析（生产企业）

一、任务描述

该任务为生产企业提供行业数据分析服务，从运营层面、产品层面、投资层面进行分析，并形成一份详细的行业数据分析报告。

二、情境导入

作为大数据分析公司的员工，必须有效利用生产企业内外部的相关数据，依照甲方公司存在的问题和需求，提供定制化的专属行业数据分析服务。

三、操作步骤

1. 学习行业分析报告的书写格式和内容

（1）行业分析报告的目的。

①运营层面。

帮助公司做战略决策。

②产品层面。

为新产品做行业调研、市场分析，或者产品设计。

③投资层面。

了解企业在所属行业的发展现状、竞争优劣、前景等。

（2）行业分析报告的内容。

①行业篇。

行业现状及发展趋势（发展现状、投资效益、发展瓶颈、发展趋势）；

行业市场需求分析；

行业的发展机遇。

②投资篇。

该行业的并购重组案例；

投资如何退出（投资壁垒、投资机会、投资风险点、投资策略等）。

③分析篇。

竞品分析（定价、销售市场、规模、融资、资源、壁垒等）；

典型案例分析/模式分析（国内外案例分析）；

区域分析（如果该行业会在全国）。

④企业篇。

行业企业经营分析；

自身企业分析（自身团队、盈利模式、财务数据、影响因素、转型路径等）。

（3）报告内容的四个标准。

①可读性强。

报告的内容要通顺，排版设计要合理。

②逻辑清晰。

报告要像议论文一样，有论有据，帮助阅读者梳理思路。

③数据真实有效。

要保证可信数据足够多，每个论据及分论点都要有至少一个数据作为支撑点。

④相关度高。

如果你的报告达到了上面的几个标准，那么你的报告就是一份好的数据分析报告了。

（4）行业研究的顺序图（图 7-4-1）。

图 7-4-1　行业研究的一般顺序

2. 学习智能平衡车行业分析报告案例，了解行业分析报告的分析过程（图 7-4-2）

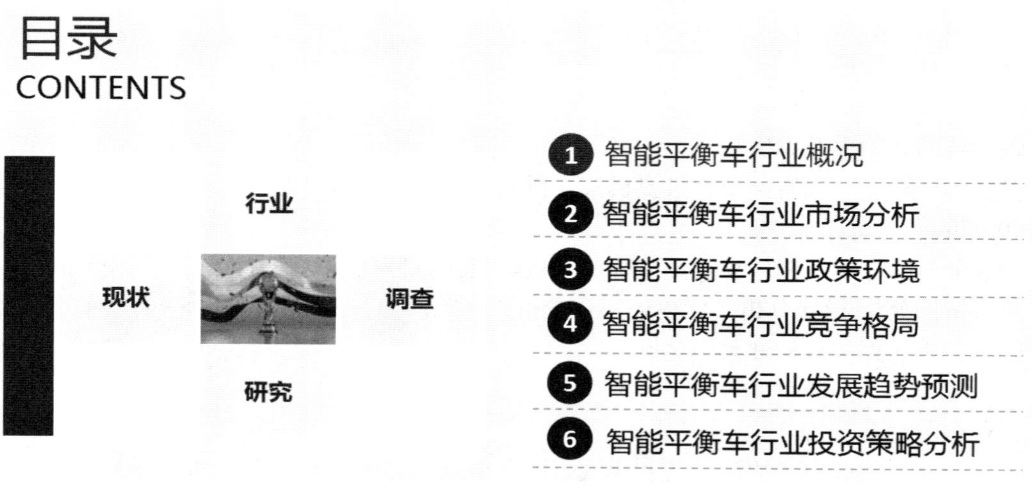

图 7-4-2　智能平衡车行业分析报告目录

（1）智能平衡车行业概况（图 7-4-3～图 7-4-5）

智能平衡车市场规模达7000亿元，保持稳中向好发展趋势

智能平衡车行业对中国人的生活已经产生了较为深刻的影响，从市场情况、行业服务、服务情况、市场规模等各个方面切入到了生活的方方面面，因此对智能平衡车行业的市场调研有利于较深的理解行业特性，为该行业的投资做支撑，为市民提供较好的产品与服务。

图 7-4-3　智能平衡车行业规模

智能平衡车行业发展趋势

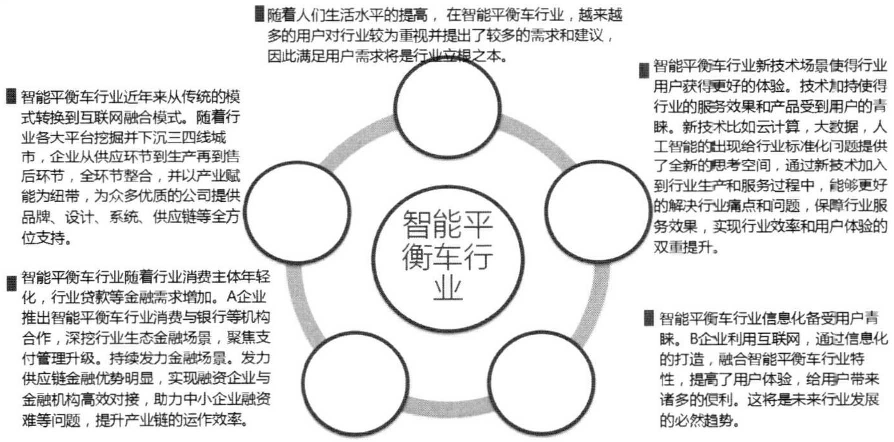

图 7-4-4　智能平衡车行业发展趋势

中国智能平衡车行业存在的问题分析

图 7-4-5　中国智能平衡车行业存在的问题分析

（2）智能平衡车行业市场分析（图 7-4-6～图 7-4-11）

中国智能平衡车行业市场结构分析

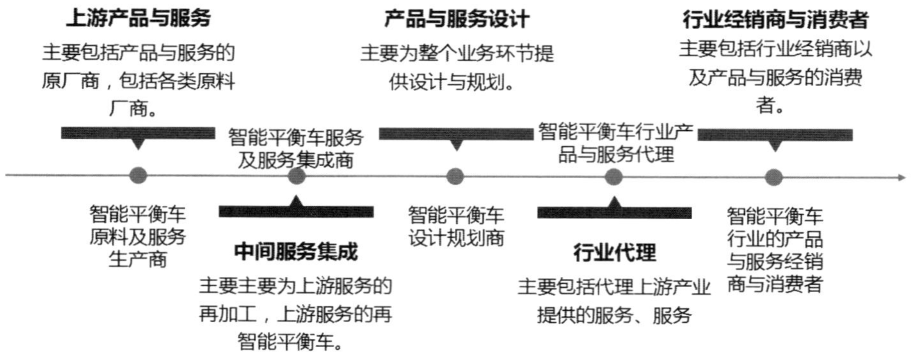

图 7-4-6　中国智能平衡车行业市场结构分析

行业地位

智能平衡车行业地位表现在三个方面：行业的产值、劳动力的数量在工业总产值、财政收入和就业总盘中的比例;行业的现状和未来对整个社会经济及其他行业发展影响的程度.行业在国际市场上竞争、创新能力。

图 7-4-7　智能平衡车行业地位

行业分析

智能平衡车行业市场分析

智能平衡车行业的覆盖人群规模大、服务及服务用户占比高、市场规模庞大、市场销量紧缺、服务用量激增、复合增长率奇高，市场规模及需求非常大

图 7-4-8　智能平衡车行业分析

生产状况

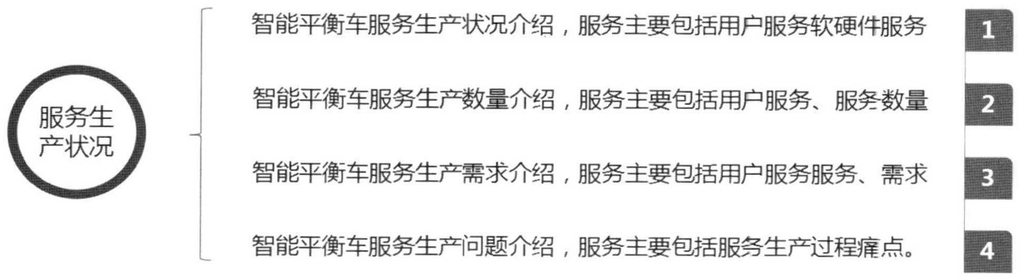

图 7-4-9 智能平衡车行业生产状况

市场策略

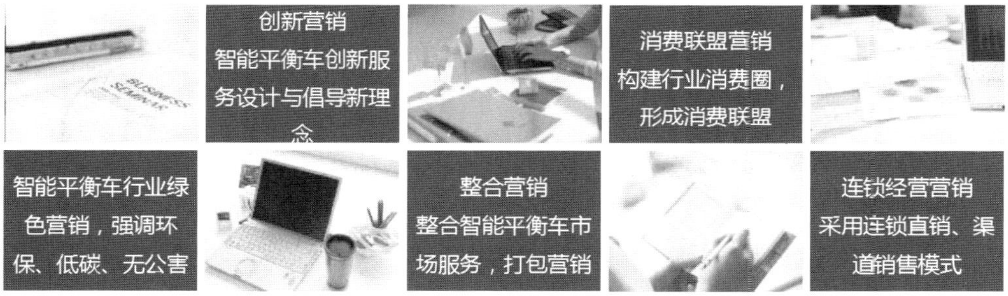

图 7-4-10 智能平衡车行业市场策略

价格走势

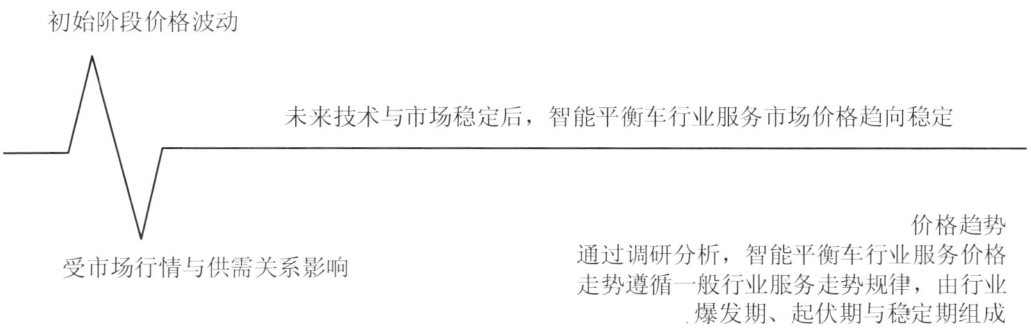

图 7-4-11 智能平衡车行业价格走势

（3）智能平衡车行业政策环境（图 7-4-12～图 7-4-13）

规划解读

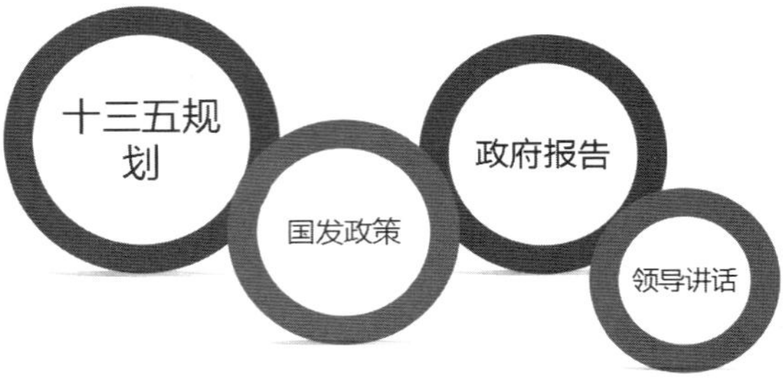

国务院发布政策、十三五规划、政府报告、领导讲话等都有对智能平衡车行业做了一些纲领性的指导，合理的解读能够为行业做了好的发展指引。

图 7-4-12　智能平衡车行业规划解读

税收政策

智能平衡车行业的产品与服务所产生的经济价值，为国家产生了较大的税收财政收入，国家在这一行业的税收政策比较全面，需要全面研究。

1 智能平衡车行业国家层面的税收政策

2 智能平衡车行业省级区域层面的税收政策

3 智能平衡车行业地级市区域层面的税收政策

图 7-4-13　智能平衡车行业税收政策

（4）智能平衡车行业竞争格局（图 7-4-14～图 7-4-17）

竞争企业介绍

智能平衡车竞争企业A	A企业总部位于XX省市，主要服务和服务为XXX，市场占有率XX%
智能平衡车竞争企业B	B企业总部位于XX省市，主要服务和服务为XXX，市场占有率XX%
智能平衡车竞争企业C	C企业总部位于XX省市，主要服务和服务为XXX，市场占有率XX%
智能平衡车竞争企业C	D企业总部位于XX省市，主要服务和服务为XXX，市场占有率XX%

图 7-4-14　智能平衡车竞争企业介绍

行业竞争力分析

智能平衡车行业综合竞争力方面，A企业入局较早并且发展以来持续深耕智能平衡车产品服务，创新供应链建设，在海量品牌中优势明显，持续资本的加持使得用户覆盖率进一步上升。此外，A企业多维度布局，为用户解决资金等问题痛点。智能平衡车行业利用大数据及人工智能技术，最大程度满足了新老用户在行业中的需求体验，综合竞争力最强，成为用户首选平台。B企业重视用户需求，布局技术领域，利用新技术完成智能平衡车产品优化，综合竞争力排名第二。

图 7-4-15　智能平衡车行业竞争力分析

竞争焦点介绍

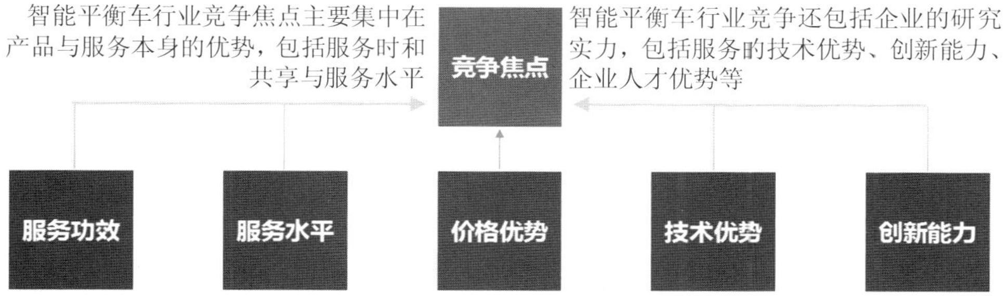

图 7-4-16　智能平衡车行业竞争焦点介绍

竞争趋势与影响

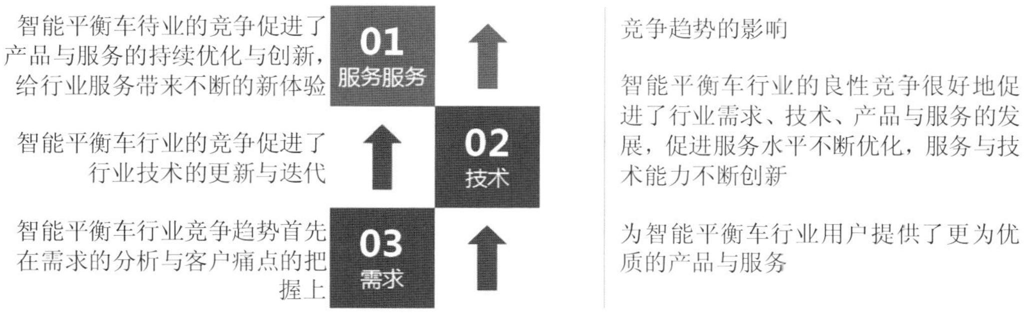

图 7-4-17　智能平衡车行业竞争趋势与影响

（5）智能平衡车行业发展趋势预测（图 7-4-18～图 7-4-20）

行业发展趋势分析

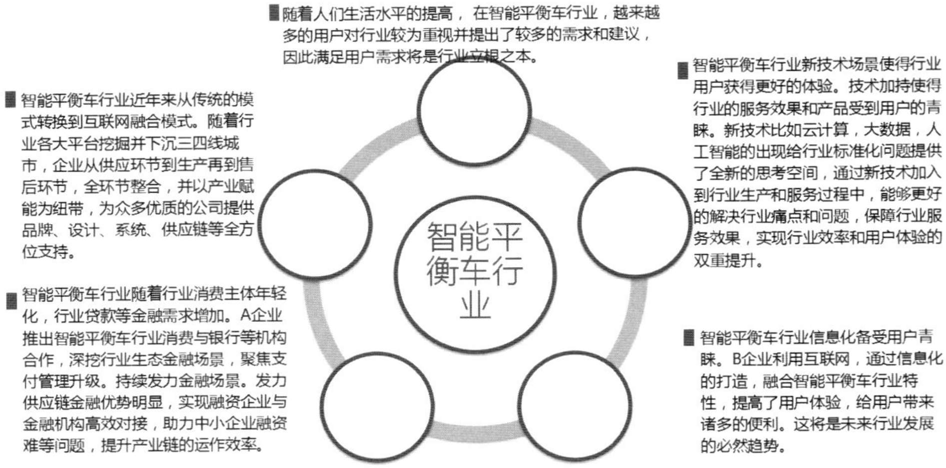

图 7-4-18　智能平衡车行业发展趋势分析

行业前景

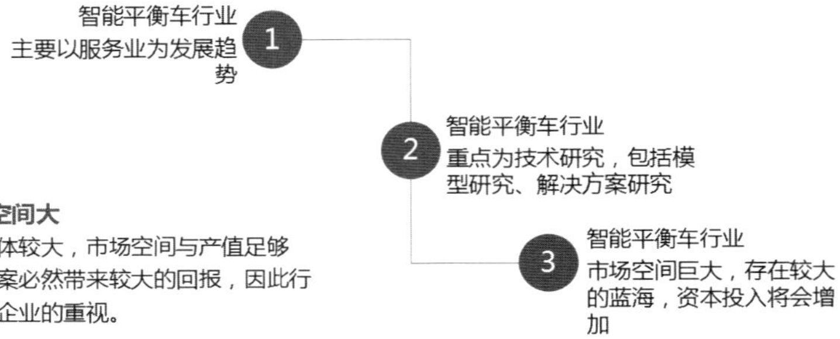

图 7-4-19　智能平衡车行业前景

发展路径与未来走向

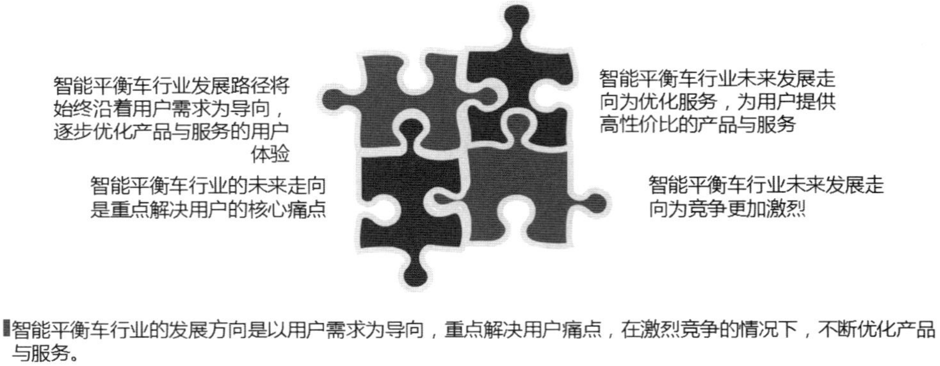

图 7-4-20　智能平衡车行业发展路径与未来走向

（6）智能平衡车行业投资策略分析（图 7-4-21～图 7-4-24）

投资机会

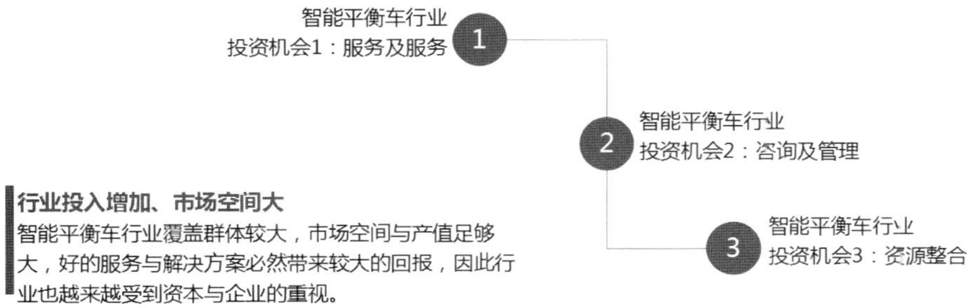

图 7-4-21　智能平衡车行业投资机会

投资风险

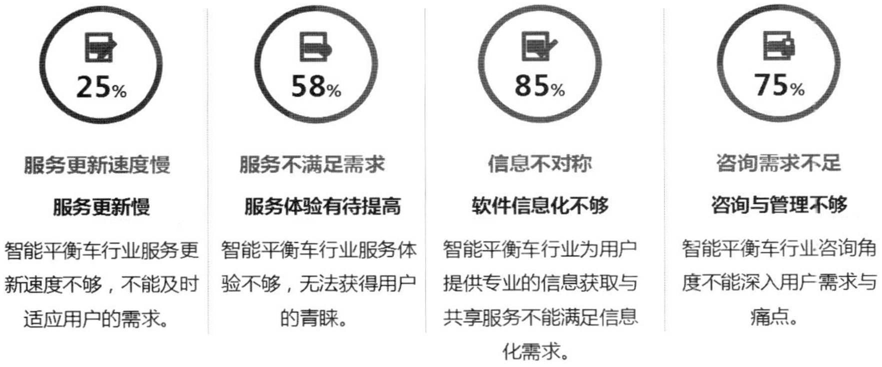

图 7-4-22　智能平衡车行业投资风险

投资建议

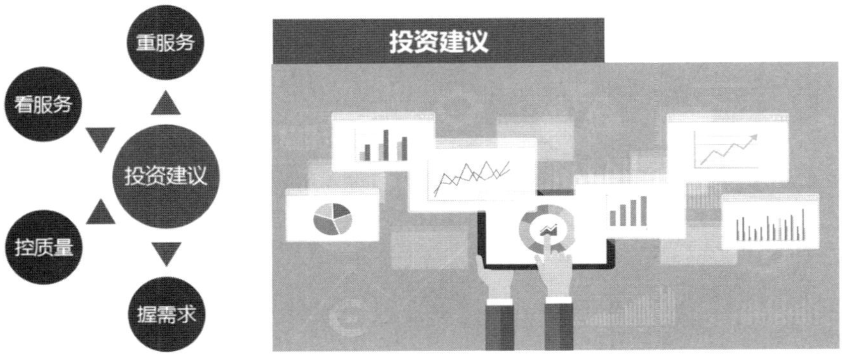

图 7-4-23　智能平衡车行业投资建议

预期回报

投资预期回报

综合分析智能平衡车产业行业的市场需求、现状、规模、挑战、竞争情况、政策环境、发展趋势、前景预测等行业调研。根据智能平衡车产业行业以往投资回报率，结合行业的近几年的复合增长率分析，未来几年的智能平衡车产业行业投资预期客观，预期将会达到120%以上。

图 7-4-24　智能平衡车行业预期回报

3. 制作少儿平衡车的行业分析报告，填写以下分析报告

行业分析报告

汇报小组：__________　　时　间：__________

一、行业概况

1．行业整体情况

2．行业发展趋势

3．行业存在的问题分析

二、行业市场分析

1．行业市场结构分析

2．行业地位

3．生产状况

4．市场策略

5．价格走势

三、行业政策环境

1．规划解读

2．税收政策

四、行业竞争格局

1．竞争企业介绍

2．行业竞争力分析

3．竞争焦点介绍

4．竞争趋势与影响

五、行业发展趋势分析

1．行业发展趋势分析

2．行业前景

3．发展趋势与未来走向

六、行业投资策略分析

1．投资机会

2．投资风险

3．投资建议

4．预期回报

七、总结

任务五　大数据分析——投资风险和回报（证券公司）

一、任务描述

该任务为金融机构提供投资风险和回报的测算，展示得到的分析结论、可行性建议和其他有价值的信息，从而让甲方公司对结果有正确的理解和判断，并根据分析结论做出有针对性的、可执行的战略决策。

二、情境导入

作为大数据分析公司的员工，必须有效地将信息有逻辑地传递出来，把收集的数据、分析的方法有效地组织和展现出来，对业务赋能。

三、实验步骤

该操作借助新金融大数据智能实训系统完成，在菜单栏中选择实训演练，进入 Python 投资组合风险管理案例。

1. 金融时间序列数据

在金融领域，通常使用 CSV（逗号分隔值）文件，其中包含许多不同资产的时间序列及其价格、回报或其他数据。有时数据存储在数据库中，但更多情况下，即使是大型银行也仍然使用电子表格。

在练习中，获得的 Microsoft 股票的时间序列交易数据以.csv 存储在文件 fpath csv 中。完成练习后，要记下每列中存储的各种类型的数据。

以 pandas 作为 DataFrame，读取 CSV 数据，引入 pandas。

```
# 引入 pandas
import pandas as pd
```

2. 金融时间序列数据

上一个练习中加载的文件包括每日 Open、High、Low、Close、Adjusted Close 和 Volume 数据，通常称为 OHLCV 数据。

Adjusted Close 列是最重要的。它针对股票分割、股息和其他公司行为进行了标准化，并且真实地反映了股票随时间的回报。在本练习中，你将使用调整后的收盘价来计算股票的回报。StockPrices 中的内容在工作区中可用，并且 matplotlib.pyplot 被导入 plt。

实训指导：

计算上列股票的简单收益 Adjusted，并将其保存到 Returns 列中。

```
## 引入 pandas、matplotlib
import pandas as pd
import matplotlib.pyplot as plt

# 读取 CSV 文件并解析日期
StockPrices = pd.read_csv（'fpath_csv.csv'，parse_dates=['Date']）
```

```
# 确保价格是按日期排序的
StockPrices = StockPrices.sort_values（by='Date'）

# 计算调整后的收盘价的每日回报率
StockPrices['Returns'] = StockPrices['Adjusted'].pct_change（）
```

3. 回报分配

为了分析回报率中出现异常值的概率，使用直方图直观地显示股票的历史回报率，用直方图来显示特定范围内回报的历史密度或频率。回报分布左下侧的离散值是要避免的，代表了每日的大额负回报。回报分布右侧的异常值通常是对股票特别好的事件，如正面的盈利惊喜。前面练习中的 StockPrices 在你的工作空间中可用，matplotlibpyplot 被导入 plt 。

实训指导：

将 Returns 列从小数点形式的回报转换为百分比回报并将其分配给 percent return。

```
# 将小数点形式的回报率转换为百分比回报
percent_return = StockPrices['Returns']*100
```

4. 一阶指标：平均收益率

一只股票的历史平均收益率通过 numpy 的 mean（）函数来计算。计算一只股票的平均每日回报率时，基本上是在估计历史回报率分布。但对于长期投资者来说，每日回报率的估计有什么用呢？你可以使用下面的公式来估计一只股票的年平均收益率，给定的是日平均收益率和一年中的交易日数（通常一年中大约有 252 个交易日）。

年平均收益率=（（1+日平均收益率）^252）－1

前面练习中的 StockPrices 对象被存储为一个变量。

实训指导：

Numpy 被导入 np。

计算 Returns 列的平均值，以估计第一时刻（u）并将其设置为 mean_return_daily。

使用该公式得出假设每年 252 个交易日的平均年化回报。请记住，Python 中的指数是使用**运算符计算的。

```
# 删除缺失的数值
returns_plot = percent_return.dropna（）

# 引入 numpy
import numpy as np

# 计算股票的平均每日回报率
mean_return_daily = np.mean（StockPrices['Returns']）
print（mean_return_daily）

# 计算隐含的年化平均回报率
mean_return_annualized = （（1+mean_return_daily）**252）- 1
print（mean_return_annualized）
```

5. 二阶指标：方差

与上一个练习中估计收益分布的一阶矩一样，也可以使用估计收益分布的二阶矩或方差numpy。在这种情况下，需要计算每日标准差（σ），或使用 np.std（）的回报波动率σ2。上一个练习中的 StockPrices 在工作区中可用，并且 numpy 被导入 np 。

实训指导：

计算 Returns 列的每日标准差并将其设置为 sigma daily。

每日方差（二阶矩，2）通过平方标准偏差导出。

```
## 引入 pandas 、matplotlib
import pandas as pd
import matplotlib.pyplot as plt

# 读取 CSV 文件并解析日期
StockPrices = pd.read_csv（'fpath_csv.csv'，parse_dates=['Date']）

# 确保价格是按日期排序的
StockPrices = StockPrices.sort_values（by='Date'）

# 计算调整后的收盘价的每日回报率
StockPrices['Returns'] = StockPrices['Adjusted'].pct_change（）

# 引入 numpy
import numpy as np

# 计算股票每日回报的标准差
sigma_daily = np.std（StockPrices['Returns']）
print（sigma_daily）

# 计算每日差异
variance_daily = sigma_daily**2
print（variance_daily）
```

6. 年化方差

方差的年化与平均值的年化方式不同，需要乘以一年中交易日数的平方根。一个日历年通常有 252 个交易日，假设在这个练习中是这样的情况，将得到年化波动率，但是要得到年化方差，需要像计算日线那样对年化波动率进行平方。

前面练习中的 sigma_daily 在你的工作空间中可用，numpy 被导入 np。

实训指导：

首先将 sigma_daily 乘以 252 的平方根（一年中的交易日数），进行年化；再次，将 sigma_annualized 平方，得出年化方差。

```
# 引入 numpy
```

```
import numpy as np

# 计算股票每日回报的标准差
sigma_daily = np.std（StockPrices['Returns']）

# 将标准差年度化
sigma_annualized = sigma_daily*np.sqrt（252）
print（sigma_annualized）

# 计算年化差异
variance_annualized = sigma_annualized**2
print（variance_annualized）
```

7. 三阶指标：偏度

计算 Python 中返回分布的第三阶矩或偏度，你可以使用 scipystats 中的 skew（）函数。负偏度是一条右倾的曲线，而正偏度是一条左倾的曲线。在金融领域，你倾向于希望得到正偏度，因为这意味着大额正收益的概率异常高；而负收益则更紧密地聚集在一起，可以预测。在你的工作区可以看到上一练习中的 StockPrices。

实训指导：

从 scipystats 导入 skew

删除 returns 列中的缺失值，以避免错误。

计算 clean returns 的偏度。

```
# 引入 numpy
import numpy as np

# 从 scipy.stats 导入 skew
from scipy.stats import skew

# 删除缺失数据
clean_returns = StockPrices['Returns'].dropna（）

# 计算收益分布的偏度
returns_skewness = skew（clean_returns）
print（returns_skewness）
```

8. 四阶指标：峰度

要计算一个分布的四阶矩，你可以使用 scipy.stats 中的 kurtosis（）函数。

请注意，这个函数实际上返回的是多余的峰度，而不是四阶矩本身。为了计算峰度，只需在 kurtosis（ ）返回的超额峰度上加上 3。

前面练习中的 clean_returns 已经在你的工作区使用。

实训指导：
从 scipystats 导入 kurtosis。
使用 dean returns 计算 excess kurtosis。
从 excess kurtosis 推导出 fourth moment。

```
## 引入 pandas、matplotlib
import pandas as pd
import matplotlib.pyplot as plt

# 读取 CSV 文件并解析日期
StockPrices = pd.read_csv（'fpath_csv.csv'，parse_dates=['Date']）

# 确保价格是按日期排序的
StockPrices = StockPrices.sort_values（by='Date'）

# 计算调整后的收盘价的每日回报率
StockPrices['Returns'] = StockPrices['Adjusted'].pct_change（）# 删除缺失数据
clean_returns = StockPrices['Returns'].dropna（）

# 从 scipy.stats 导入 kurtosis
from scipy.stats import kurtosis

# 计算收益分布的超额峰度
excess_kurtosis = kurtosis（clean_returns）
print（excess_kurtosis）

# 推导出收益分布的真实 fourth_moment
fourth_moment = excess_kurtosis + 3
print（fourth_moment）
```

任务六　大数据分析——理财调研报告（金融机构）

一、任务描述

该任务为金融机构提供大学生理财调研报告。本次调研的目的为了解大学生的理财认知、理财现状、理财偏好。

二、情境导入

作为大数据分析公司的员工，应帮助甲方公司有效地利用客户信息，为后期拓展业务和设计产品组合提供一定的依据和参考。

三、操作步骤

1. 调研报告的特点

（1）条理清晰

调研报告都有明确的主题，分析写作时注意观点鲜明、围绕主题。信息可以多用要点+图表的方式呈现。

（2）结构完整

通常一份调研报告分为前言、正文、结尾三大块。

前言可介绍调查的缘由、目的、时间、地点、范围和方式等。调研报告的正文涉及比较宽泛，通常包含：基本情况、分析预测、建议或措施。结尾部分总结上文的结论，在总结的基础上提出一些自己的认识、展望等。

（3）表达流畅

一份高质量的调研报告既能表现出专业性又能让读者轻松理解。

2. 调研报告的完成步骤（图 7-6-1）

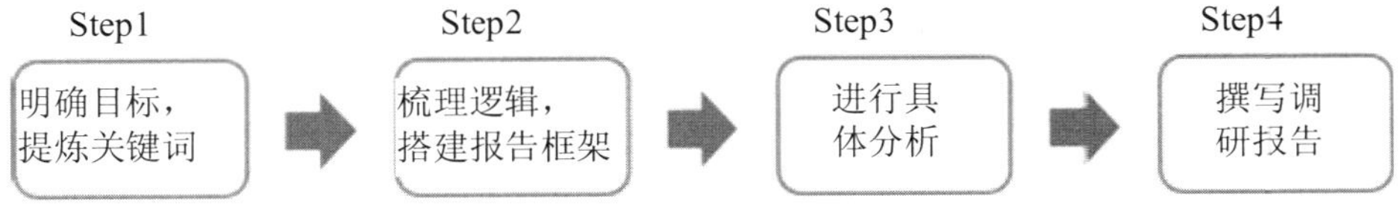

图 7-6-1　调研报告的完成步骤

（1）明确目标，提炼关键词

撰写调研报告前，首先应该再次明确本次调研的目标是什么（图 7-6-2）。

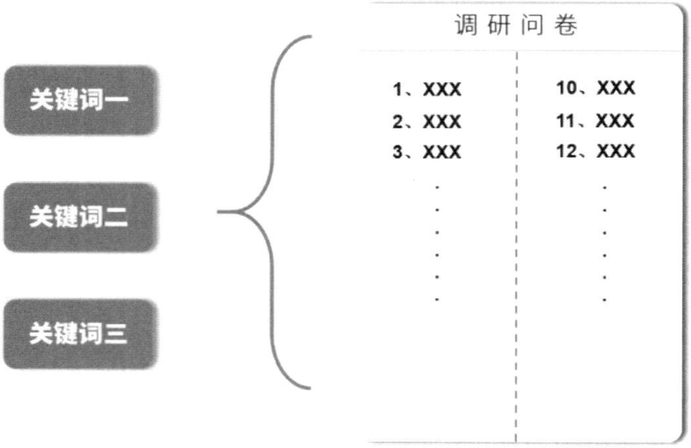

图 7-6-2　调研目的

以“大学生理财情况调研”为例，本次调研的目的为了解大学生的理财认知、理财现状、理财偏好，也就是要回答下面这些问题：

大学生对理财知识了解多少？

大学生中的理财人数占比有多大？

大学生对理财产品的选择有什么偏好？

……

确定目标这点是非常重要的，它就像是议论文中的论点。

（2）梳理逻辑，搭建报告框架

无论是在设计问卷、分析数据还是撰写报告阶段，了解研究的逻辑结构都是核心问题。

调研问卷设置的问题顺序，不一定是书写报告的理想顺序，可能为了照顾被调研者的阅读习惯，调整了问题顺序；或是为了防止作弊，调换答题顺序。所以，分析前有必要重新梳理报告顺序（图 7-6-3）。

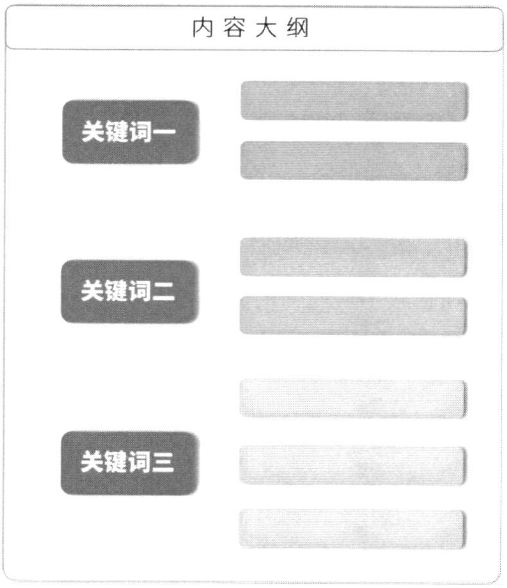

图 7-6-3　梳理报告顺序

上面已经确定了三个关键词：理财认知、理财现状、理财偏好。

但在问卷中，这些问题是散落在问卷中的不同部分里的。因此，我们要重新看一下，把每个问题归类（表 7-6-1）。

表 7-6-1　调研问卷内容

框架内容	编号	题项内容
筛选题项	Q1	是否为在校大学生？
样本背景信息题目	Q2	性别____。
	Q3	年龄____。
	Q4	专业是什么？
	Q5	月生活费是多少？
理财认知题目	Q6	您每月的支出有计划吗？
	Q7	您对理财方面的知识了解多少？
	Q8	您平时会关注一些理财方面的信息吗？
理财现状题目	Q9	您是否使用过理财产品？（有和没有）（跳转题，选择否跳到 Q12）
	Q10	您选择过哪种投资理财产品？
	Q11	您使用过哪种互联网理财产品？
理财偏好题目	Q12	您心目中合理的理财状态和结构是什么？
	Q13	您认为大学生是否需要专业化的理财咨询和服务？
	Q14	您认为对大学生有必要制订投资理财规划吗？（四级量表）
	Q15	影响您进行投资理财的最大因素是什么？
	Q16	您最希望通过哪种途径了解理财知识？
	Q17	您对理财产品的了解程度？（四级量表）
	Q18	您认为导致自己没有购买投资理财产品的主要因素是什么？
	Q19	您未来是否愿意或者继续购买理财产品？（愿意和不愿意）

从表 7-6-1 可以看到，Q1 是筛选题，用来筛选样本；Q2～Q5 是样本背景信息题目；Q6～Q8 是理财认知题目；Q9～Q11 是理财现状题目；Q12～Q19 是理财偏好题目。

在基本结构确定后还可以进一步细分，比如是否考虑差异分析：不同背景（性别、专业等）的大学生的理财认知、理财现状、理财偏好是否有区别？

或者影响关系：影响大学生购买理财产品的因素有哪些？

最终把这些问题梳理成一个框架（图 7-6-4）。核心始终围绕着研究主题以及三个关键词。

框架与最后成型的实际报告会有一些差别。不过没有关系，我们可以在之后分析的过程中一点点调整修改。

总之，先把框架搭好。不仅为了方便后面写报告的时候更有条理，也避免后面出现重复分析、少分析了某部分的情况。

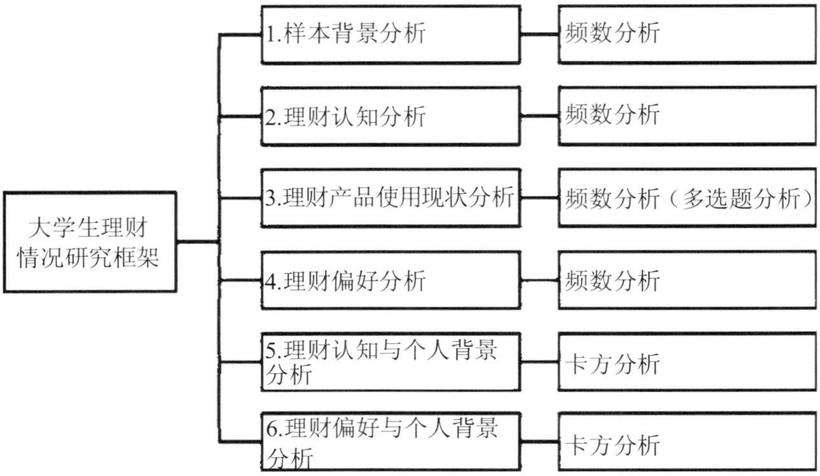

图 7-6-4 问题框架

（3）进行具体分析

这部分我们可以使用 SPSSAU 进行分析，提高工作效率。

数据处理是一个非常重要的环节，第一次分析的人很容易忽略这部分。

在数据收集完成后可以使用 SPSSAU 无效样本和异常值两个功能对数据无效性进行处理。

无效样本：SPSSAU 提供两种设置。一种是完全相同数字超过一定比例时设置成无效样本。不认真填写者通常为了方便会选择相同的答案，一般以量表题选择相同数字超过 70%作为标准。另一种是缺失一定比例时设为无效样本。

异常值：如果存在缺失数据或在异常值的判断标准上，则设置数字为 null，即异常值处理。

还是以“大学生理财情况问卷”为例，问卷包含多种题型：筛选题、单选题、多选题、量表题、跳转题等，以非量表题居多，可以检查下缺填比例高的问卷。

同时留意题型，最好先在大纲中先标记上每部分对应的题号、题型。

分析筛选题、跳转题等前要筛选出样本，否则后面很难检查出问题。

①筛选样本

比如第一题：是否为在校大学生。本次的调研对象是大学生群体，如果本身填问卷的人就不是大学生，那么肯定就不在研究范围内。因此在做所有分析之前，应该先筛选样本，并且后续分析也要以筛选后的结果为准。

②方法选择

该问卷中多是非量表题，常用的统计方法有：频数分析、描述分析、卡方分析、二元 logit 回归等（图 7-6-4）。我们按照提纲依次进行分析即可。

按住 Shift 键可一次性拖入多个题目，实现同时分析多项结果。

③数据格式

同时重点注意表格格式，专业的调研报告（和论文一样）对格式有着严格的要求。建议统一修改表格格式，避免有遗漏。涉及重点数据，比如占比非常高的选项，可以用不同颜色标出（表 7-6-2）。

表 7-6-2 理财产品了解程度

名称	选项	频数	百分比（%）	累积百分比（%）
对理财产品的了解程度	很了解	13	2.78	2.78
	了解	68	14.53	17.31
	一般	187	39.96	57.26
	不了解	200	42.74	100.00

我们也可以适当添加图表（图 7-6-5）。多用图表来呈现所想表达的内容，更有直观性。

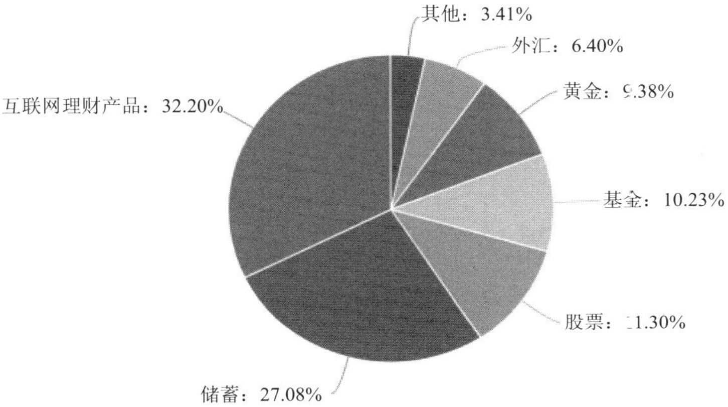

图 7-6-5 理财产品调研问卷结论图饼

（4）撰写报告

正式撰写报告的时候可以一部分一部分地完成，通常是先描述分析结果，再结合结果和背景信息进行总结。

如果内容较多，建议在每部分最后添加一小节并作为总结部分，同时可以针对结论给出建议或解决方案等。

最后别忘了添加附录，通常将调查问卷、统计结果等作为附件内容，方便读者查询。

企业多以 PPT 的形式进行汇报。如果前面的框架梳理得很清晰，这里就方便很多了。每页 PPT 最好不要放入太多内容，一页 PPT 汇报一个研究问题+重点数据结果即可，尽量多以图表形式展示。

实际上不只是调研报告，论文、项目分析、社会调查等都可以运用以上的方法进行拆解、梳理和分析。

操作步骤：根据金融机构需求，制作一份适合的理财调研报告。设计调研问题，在课堂上发布网上调研问卷，并统计结果。

任务七　大数据方案——运营策划（销售公司）

一、任务描述

为甲方公司提供运营策划，通过找到当前企业存在的运营问题，对市场上的竞争对手进行分析，提出符合甲方公司的运营细则。

二、情境导入

作为大数据方案公司的员工，帮助甲方公司改善运营环境，提供有价值的运营方案。

三、操作步骤

1. 学习运营策划的分析步骤和过程

（1）目前运营存在的问题

找到企业当前的自身问题，精准找到运营（图 7-7-1）方向的入手点。

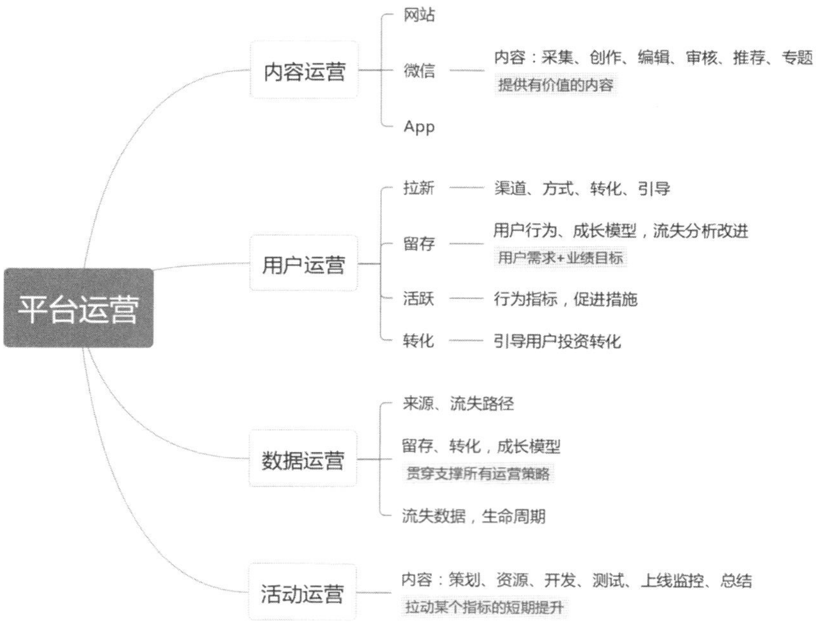

图 7-7-1　运营图

（2）市场竞争对手分析

在这个环节，运营方案可以从以下几点体现：

①直接竞争对手分析

②潜在竞争对手分析

③自身的优点和缺点

④后期运营方向侧重点分析

（3）具体运营细则

运营细则主要阐述运营方案具体怎么执行，从哪些方面去做。前面问题分析、竞品分析都是为了这一步做准备的，需要制定引流策略、留存策略、转化策略、优化策略。

运营细则包含以下内容：

①背景概述

②活动目的（效果预估）

③活动主题

④活动对象

⑤活动时间

⑥活动描述

⑦规则详情

⑧投放渠道

⑨风险控制

⑩监控指标

⑪工作协助

⑫成本预估

（4）人员工作安排

当把具体的网站运营的细则都制定好了后，接下来最重要的就是分工执行。日常网站运营中，直接参与人员分工的主要有以下几种。

①内容编辑人员

②推广人员

③活动执行人员

④数据分析人员

（5）方案预算投入

①广告预算

②活动预算

③其他推广预算

（6）预期运营效果

①预计流量

②预计转化

③预计投资回报率

2. 学习以下儿童平衡车公开赛的活动策划方案（图 7-7-2～图 7-7-17）

图 7-7-2　活动目录

图 7-7-3　活动主题背景

图 7-7-4 活动主题

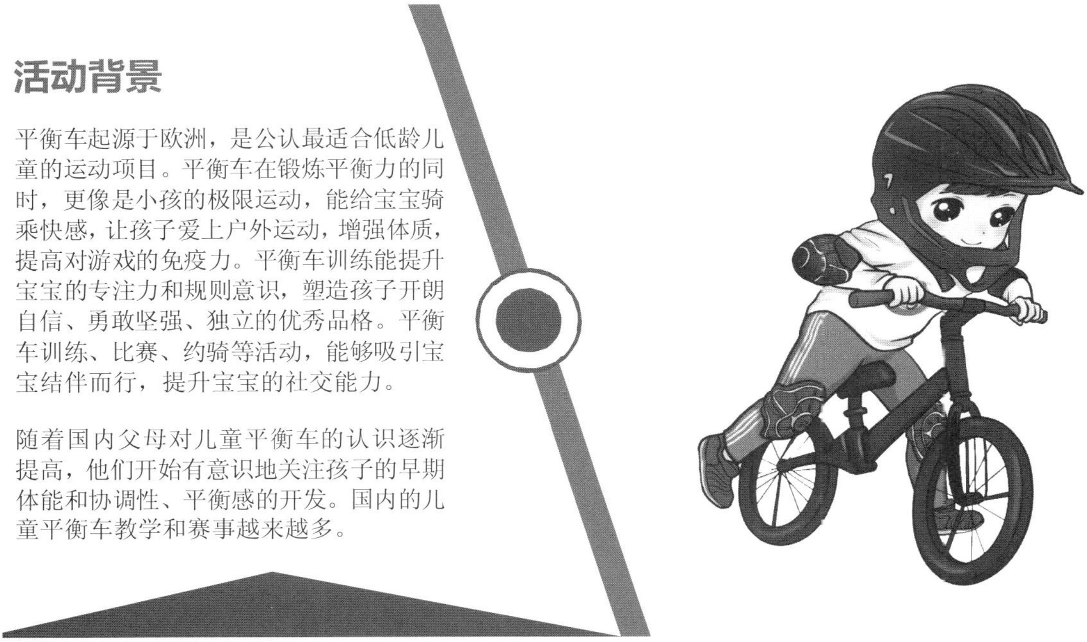

图 7-7-5 活动背景

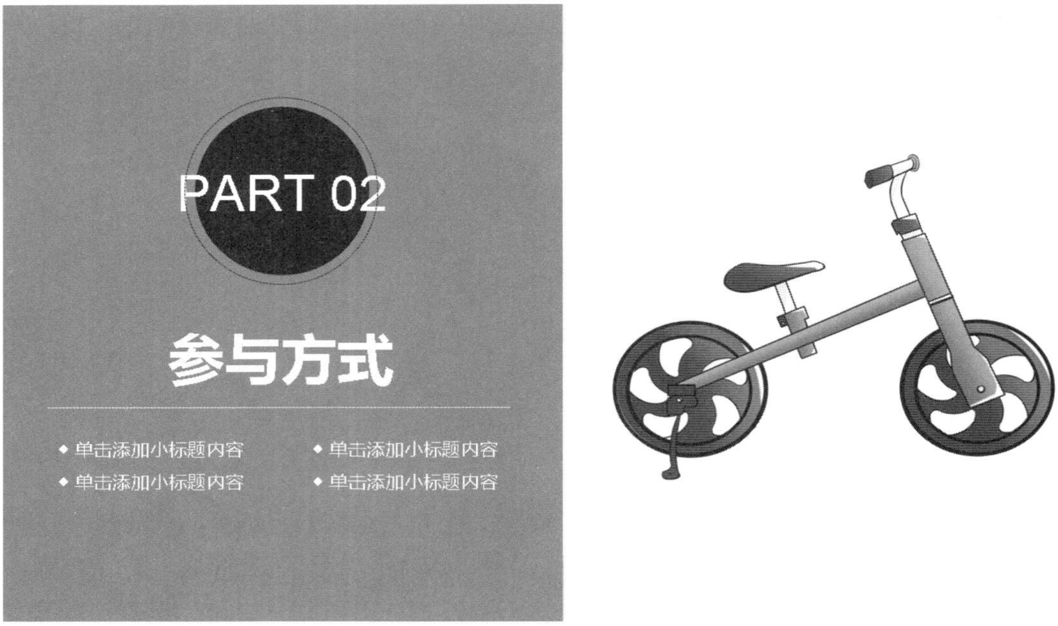

图 7-7-6　参与方式

参赛人群

1. 面向全省，限2～5岁（可稳定走路）的儿童，需要在父母的陪伴下报名参赛。

2. 自愿报名，不限男女，身体健康，无不适应骑行的任何疾病。

3. 本次比赛需要提供孩子的信息及监护人的信息，全程至少一名家长陪同，若没有家长陪同，禁止任何儿童参加比赛。

4. 平衡车运动与其他运动项目一样存在人身安全风险，报名的儿童必须在家长的监督下进行报名，所有安全责任由参与的儿童监护人自负。参加者必须佩戴头盔和其他安全护具，现场与承办方签署意外伤害事故免责声明。

5. 组委会温馨提示，从没有接受过平衡车教学和刚接触平衡车的儿童建议报名体验组。

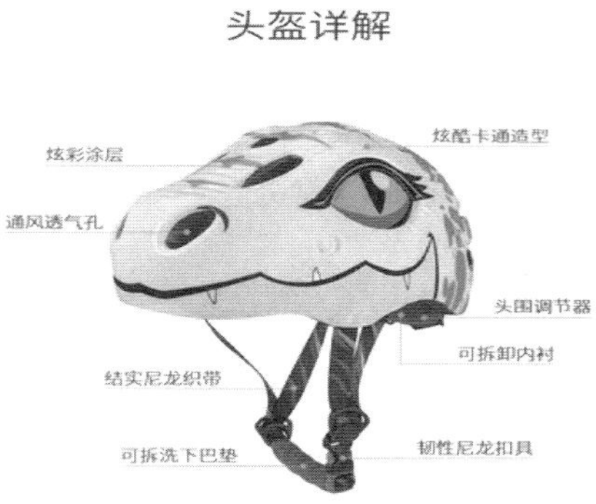

图 7-7-7　参赛人群

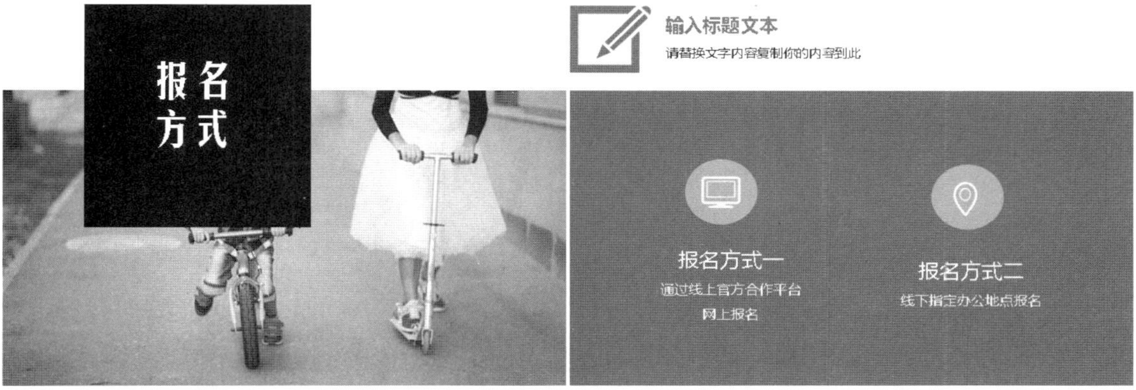

图 7-7-8　报名方式

图 7-7-9　比赛签到

PART 03
活动流程
◆ 单击添加小标题内容
◆ 单击添加小标题内容
◆ 单击添加小标题内容
◆ 单击添加小标题内容

1
比赛签到
签到、领取参赛包，分组、检修车辆
2
开幕仪式
开场致辞，比赛宣讲
3
竞速赛
检录、贴号卡、核对参赛人员的比赛信息、成绩统计
活动流程
2岁组 9：30～12：10
3岁组 9：30～12：10
颁奖仪式 2～3岁组 12：10～12：30
12：30～13：30 午餐
4岁组 13：30～16：30
5岁组 13：30～16：30
颁奖仪式 4～5岁组

图 7-7-10　活动流程

图 7-7-11 比赛规则和奖励

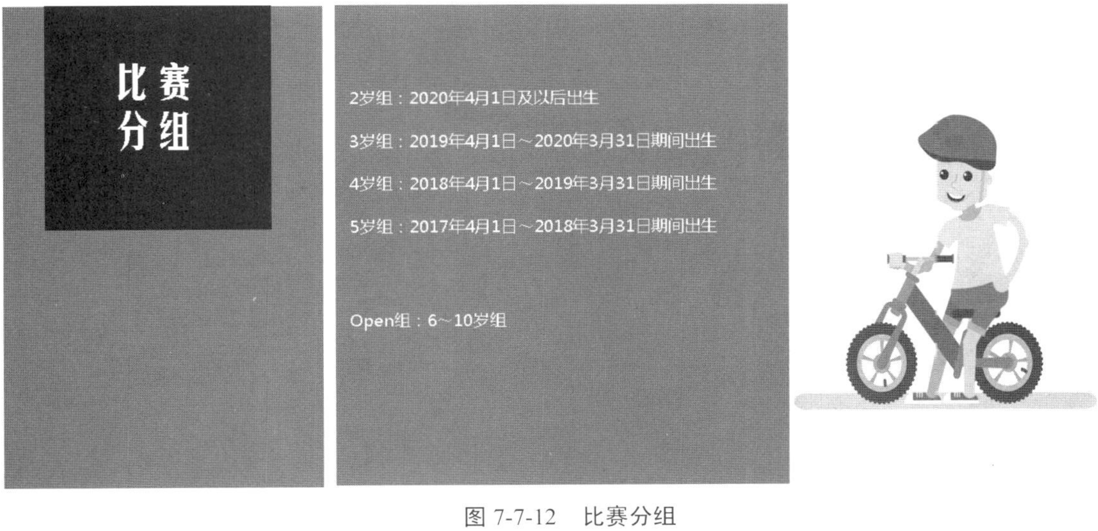

图 7-7-12 比赛分组

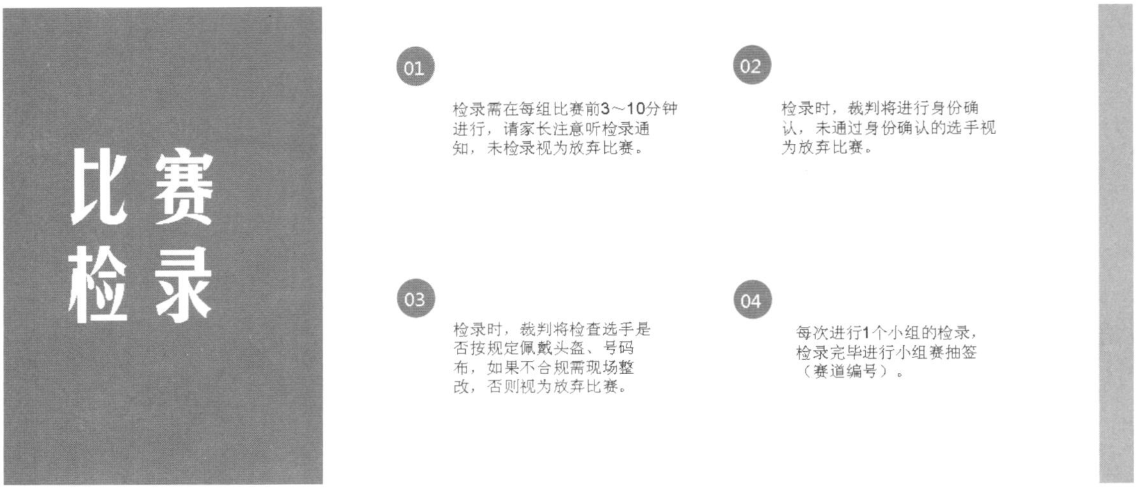

图 7-7-13　比赛检录

图 7-7-14　比赛方式

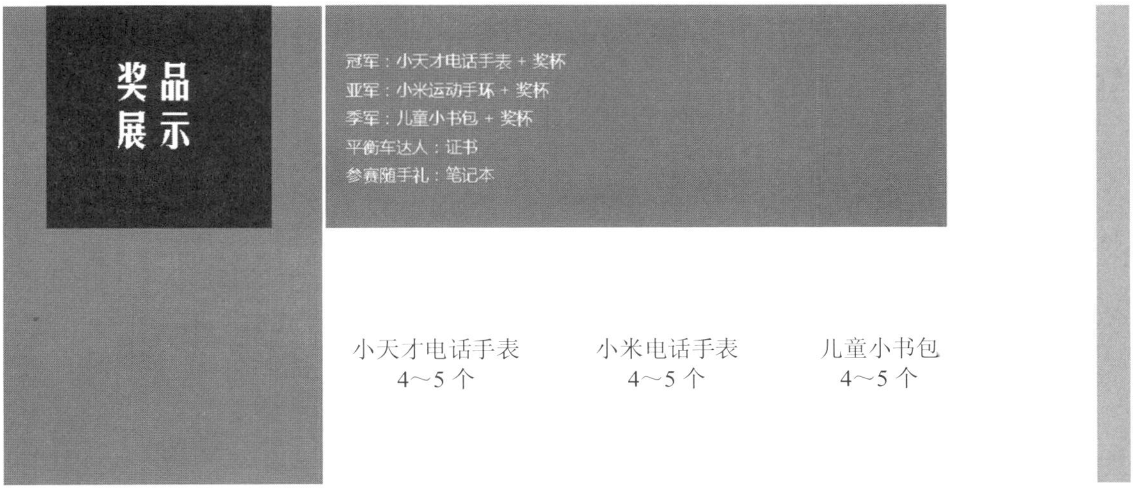

图 7-7-15　奖品展示

图 7-7-16　区域划分

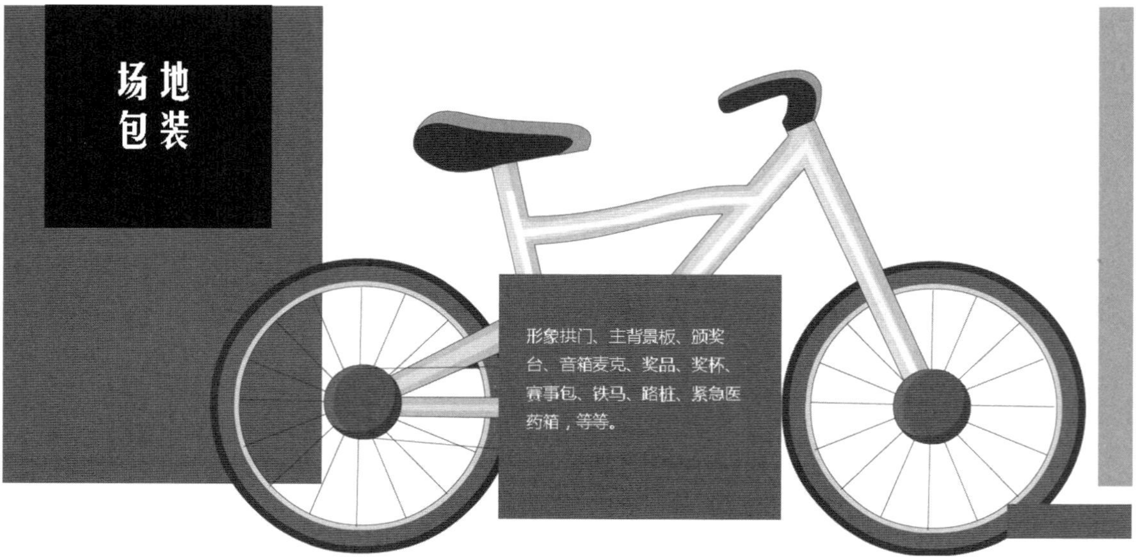

图 7-7-17　场地包装

3. 制作成人环湖平衡车公开赛的活动策划方案，完成活动策划书和 PPT

活动策划书

活动名称：__________　　策划小组：__________　　时　　间：__________

一、市场分析
[说明：做运营必须能够把握市场的发展，如果需要，请描述一下自己所负责产品的市场情况。]
二、活动主题
[说明：填写活动的主题，要求主题一定要简洁、清晰明确、有吸引力。]
三、活动目的
[说明：活动的主要目的是处理库存，是提升销量，是打击竞争对手，是新品上市，还是提升品牌认知度及美誉度？只有目的明确，才能使活动有的放矢。]
四、活动对象
[说明：活动针对的是目标市场的每一个人还是某一特定群体？活动控制的范围有多大？哪些人是促销的主要目标，哪些人是促销的次要目标？这些选择对促销的最终效果有何影响？]
五、活动时间
[说明：活动执行的时间段。]

六、效果预期和数字目标
1．效果预期
[说明：预期可以达到的效果。]
2．数字目标
[说明：制订运营数字目标。]
七、活动详细情况
1．参与产品
[说明：说明本活动涉及的产品，及其配合程度。]
2．活动详细说明
[说明：详细说明活动的实施方式。]
3．奖项设置
[说明：奖项和奖品设置。]
八、广告宣传（市场推广）
[说明：针对本次活动，做出详细的广告宣传计划和市场推广方面的想法和建议。]

1．内部宣传（推广）

2．外部宣传（推广）

九、活动任务安排及工作计划

1．物料准备

2．人员分工与责任

十、费用预算

[说明：对所有活动计划投入费用的汇总。]

十一、活动总结